Wilhelm Friedrich Heller

Kayamorts, der große Stier unsrer Zeiten

Ein historisches Gemälde von den Vorzügen und Fehlern des achtzehnten Jahrhunderts

Wilhelm Friedrich Heller

Kayamorts, der große Stier unsrer Zeiten
Ein historisches Gemälde von den Vorzügen und Fehlern des achtzehnten Jahrhunderts

ISBN/EAN: 9783743301085

Hergestellt in Europa, USA, Kanada, Australien, Japan

Cover: Foto ©ninafisch / pixelio.de

Manufactured and distributed by brebook publishing software (www.brebook.com)

Wilhelm Friedrich Heller

Kayamorts, der große Stier unsrer Zeiten

Kayamorts

der

grose Stier unsrer Zeiten.

Ein

historisches Gemälde

von den

Vorzügen und Fehlern

des

achtzehnten Jahrhunderts

Skizzirt

von

Wilhelm Friedrich Heller.

Frankfurt am Main,
bei Friedrich Eßlinger
1792.

Vorbericht.

Aergert euch nicht, meine Leser, daß wieder
„ ein Büchlein mit modischem Titel,
„ ohn' Ordnung und ohne Kapitel, "
in die Welt auszeht; sondern bedenket, daß wir noch in dem achtzehnten Jarhundert leben, da man zuweilen seine Herzensfreude am Sonderbaren und Unverständlichen nicht verbergen mag.

Hätt' ich dem Buche keine Hieroglyphe an die Stirne gezeichnet, so wüste ich jezt nicht, wovon ich eine Vorrede schreiben sollte. Und dies ist doch so nöthig, als das Zusammenläuten zu einer Predigt. Also zur Sache.

Mein Stier Kayamorts schreitet aus Zerduscht's oder Zoroasters philosophischem Lehrgebäude hervor. Die Gestalten der Dinge existirten zuerst in Urbildern, in Keimen, und wie alle Mythologien Asiens an Ungeheuern der Urwelt reich sind, so stellt auch der Perser den grosen Stier, Kayamorts, auf, aus dessen Leichnam alle Geschöpfe der Erde wurden. Man kann sich noch manches hinzudenken, das ich eben nicht anzuführen brauche.

Die merkwürdigsten Veränderungen dieses Jarhunderts, welche grosen Einfluß auf die Menschheit hatten, sind der Gegenstand dieser Schrift. Manchmal kommen auch minder wichtige Dinge vor, die man aber nicht verwerfen muß, weil sie diesem oder jenem misfallen können: ich hatte meine Gründe, warum ich sie mitlaufen lasse.

Die Berichte von Entdekungen und Erfindungen, die Resultate der Aufklärung, Duldung und Freiheit, und die Bemerkungen über den Verfall der Hierarchie werden allemal der Aufmerksamkeit werth sein. Vielleicht erweken sie einen kühnen Jüngling, einst, wann das Jarhundert mit seinen tausendfachen Gestalten verschwunden ist, eine vollständige Schilderung davon zu entwerfen.

Herder hat ganz richtig bemerkt: „daß einige Gedanken seiner Werke, auch ohne ihn zu nennen, in andre Bücher übergegangen, und in einem Umfange angewandt sind, an den er nicht gedacht hatte." Ich habe auch vieles von diesem grosen Manne benuzt, und einige seiner Ideen weiter in Umlauf gebracht.

Leb wol, mein Leser! Freu dich der Gröse und Thatkraft deines Jarhunderts, und dein Herz und dein Geist strebe bei jedem ermunternden Beispiel mit neuem Triebe nach Unsterblichkeit!

Weierbusch im Westerwalde,
an dem Tage, da Voltaire's Gebeine in die Genovevenkirche kamen,
1791.

Magister Wilhelm Friedrich Heller,
aus Stutgard.

Der Anblik ist ergözlich; aber die Empfindung davon ist mit einem heftigen Schauer begleitet. Lagert euch her zu mir, meine Zeitgenossen! Hier will ich ruhen auf diesem bemoosten Steine; die Kraft meiner Stimme will ich noch einmal erheben, und euch erzälen von den Thaten unsers Jarhunderts.

Ich hatte den Früling noch nicht fünfmal gesehen, als mein Vater mich hinausführte auf das Gefild bei Höchstädt, wo jene Mordschlacht wenige Tage zuvor war geschlagen worden. Daran könnt ihr mein Alter noch sicherer als an meinen Loken erkennen. Ich bin darnach heruntergeschwommen im Strome der Zeit meistens auf stürmischen Wellen; erst am Abend des Lebens

gleitete mein Schif im sanftern Winde das
hin. Dies mag euch einigermasen in dem
Vertrauen auf meine Erfarung bestärken.

Die Welt erscheint immer in veränderten
Gestalten, und der ganze Lebenslauf eines
Menschen ist Verwandlung. Hatt' ich nun,
wie es Bernoulli und Haller blos
nach der Ausdünstung berechnen, schon als
ein achtzigjäriger Mann mich wenigstens vier
und zwanzigmal am ganzen Körper erneuet;
wer mag den Wechsel aller Dinge durch das
ganze Menschenreich nur in den wirksamsten
Veränderungen verfolgen?

Du, unser achtzehntes Jarhundert! Wie erhaben ragt dein Schauplaz
von Verwandlungen neben den abgeschiedenen Weltaltern hervor! Es wäre schön,
wenn ich jezt deine tausendfältigen Gestalten
in einer Reihe von Gemälden meinen Mit-
brüdern und Nachfolgern darstellen könnte.
Allein nur der übersiehet dich ganz, der selbst
alle diese Gestalten durchhauchet, und sich in
ihnen allen fühlet und freuet. Ich kann
nichts als die Wunder dieses grosen Geistes

anstaunen, mich meines Daseins in diesem Jarhundert freuen, und mit den lezten Gestalten desselben verschwinden.

Aber erzälen kann ich auch noch. Haltet es der Art des Greisen zu gut, wenn sein entflammtes Herz den Mut faßt, von seinem Jarhundert zu sprechen. Süs ist bei jedem Werke die rastgebietende Mässigung. Und wer mein Wesen kennet, der zeuge, ob ich jemals das Gebiet der Warheit überschritten, oder meine Stimme zum Mistone der Verläumbung und Lobheuchelei erniedriget habe.

Ich will euch Männer und Thaten aufführen, welche des Rumes Fittich fernhin über Länder und Meere trägt; dabei aber darf ich auch die Frevel und Schwächen nicht ungerügt lassen, um welcher willen einige deiner Kinder, o Jarhundert, vor dem ewigen Weltgeist angeklagt werden!

Ich sah, wie der verewigte Braunschweiger Weise, Konrad Arnold Schmid, ebenfalls von sich rühmt, ich sah da Janitscharen,

mit blankem Säbel ziehn, wo griech'sche Sänger waren;

sah, wie ein gallisch Heer zum teutschen Rhein sich drängt,

das schneller, wie der Bliz, ein Fürst der Teutschen sprengt.

Ich sah das Kapitol vor einem Mönche beben;

Waghälse sich durch Rauch bis in die Wolken heben;

den mutigen Kongreß in Philadelphia;

von Rußlands Gränzen an bis Pennsylvania

durch Arglist und Gewalt von Britten Britten trennen;

Gibraltar Flammen spei'n, und Batterien brennen;

sah einen Drath den Bliz des Zeus vom Himmel ziehn;

den andern Zeus gezähmt und ohne Bliz in Wien;

die Scheiterhaufen kalt, und die Religionen
der Erde brüderlich in einem Tempel wohnen; . . . . . .
Was sah ich alles nicht! . . . .

Voll ist mein Herz; emporschweben mögte mein Geist, wie Fontenelle, über den Erdball, und die ganze Menschheit umfassen mit einem einzigen Blike! In dem Entwurfe des kühnbeflügelten Geistes athmet heilige Gröse, und hinter seinen Offenbarungen birgt sich stillbezaubernde Weisheit. Allein es ist der Sterblichen gröserer Haufe mit des Blödsinns Dunkel umdüstert.

Ich muß wie der Gestirnforscher und Scheidekünstler zu Werke gehen, muß den grosen Stier des Jarhunderts, Kayamorts, zergliedern, und aus den Merkzeichen seiner Teile zu erspähen suchen, wie aus dessen Leichnam die künftigen Geschöpfe der Erde sich entwikeln können! Ja ich muß die Veränderungen des Ganzen stufenweise sondern und sichten, und jede Erscheinung auf dem Schauplaze des Menschengeschlechtes vereinzelt betrachten, wie die nächtlichen Bilder des Himmels.

In unserm Jarhundert ist die Menschheit mit sich selbst bekannter geworden, und in genauere Verbindung gekommen. Seefahrer und Landreisende haben erstaunliche Entdekungen gemacht, und unsere Kenntnisse nicht nur mit neuen Namen von Inseln und Ländern bereichert, sondern auch unsere Selen zu tiefern Einsichten in die Werkstäte der Natur erhoben.

Wir mögen jezt nicht mehr lachen über die kleinen Kriks am Ontario, und dürfen nicht mehr erschreken über die geträumten Riesen der Vorzeit. Wir erkennen den Menschenfresser in Neuseeland und den verworfenen Pescherei an der äusersten Spize von Südamerika so gut für unsre Brüder, als den Milchbauer Woltemade und den Herzog Julius Leopold.

Das Wesen, das alles schuf, hat wirklich einen Stral seines Lichtes, einen Abdruk seiner Kräfte in uns gelegt, und so niedrig der Hottentotte und Kamtschadale denken mag, so kann er doch mit eben dem Rechte, wie Newton und Lessing, zu sich sagen: "Ich habe etwas mit Gott gemein; ich besitze Fähigkeiten, die der Erhabenste, den ich in seinen Werken kenne, auch haben muß: denn er hat sie rings um mich geoffenbaret."

So weit ist es erst in deinen Tagen gekommen, du, mein Jarhundert!

Man ist auf allen Seiten weit über die bewohnbare Erde hinübergelangt, und hat Gegenden kennen gelernt, die man den kalten und nakten Eisthron der Natur nennen mögte, oder auch (wenn theologische Namen noch so gangbar wären, wie die Geldassignate der Westfranken) mit dem Jegefeuer der einzigseligmachenden Kirche vergleichen könnte.

Mein Herz bewegt sich zitternd, wie die Magnetnadelspitze, wenn ich an jene Geschöpfe hinaufdenke, denen der Polarstern nie unterzugehen scheint. Dort sind die

Wunderdinge unsrer Welt zu sehen, die kein Anwohner des Aequators glauben würde. Aufgethürmt sind dort die ungeheuersten Massen schöngefärbter Eisklumpen; und prächtige Nordlichter, die süsesten Augestäuschungen in der Luft, erhellen das Angesicht der urgrosmütterlichen Nacht. Bei der grosen Kälte von oben breitet auch dort die Natur in warmen Erdklüften ihren milden Schoos für ihre Kinder aus.

Leset Phips Reisebeschreibung; und ergözet euch, ihr Zeitgenossen, an den schönen Nachrichten, die uns Roger Curtis von der Küste Labrador und den kleinen Eskimo's giebt! Will eure Wißbegierde noch weiter bringen, so wird euch Cranz durch seine Geschichte von Grönland sättigen, und Klingstedt durch seine Merkwürdigkeiten von den Samojeden und Lappländern, so wie Georgi durch seine Schilderungen der Nationen des russischen Reichs in ein angenehmes Erstaunen versezen.

Ueberraschende Entdekungen haben diese und andere Forscher von den Tungusen,

Ostiaken, Jakuten. und Jukagiren an bis zu den schöneren Menschenarten am Kaukasus und Ural gemacht! Man verweilet nun nicht mehr lange bei der Frage: Wie ward Amerika bevölkert? Die Koräken, Tschuchtschen, Kurilen und die weiteren Inselbewoner im nordöstlichen Asien zeigen die allmäligen Uebergänge aus der mongolischen in die amerikanische Form.

Reisen wir ferner mit Olof Toree nach Suráte und Sina, oder erwägen das, was Marsden in seiner Beschreibung von Sumatra uns darstellt, o so kommeo wir uns vermerkt auf den wahreu Gedanken, welchen die Alten kaum ahnen konnten: Daß der Gang des Schöpfers durch die Nationen bei aller Verschiedenheit der Gestalten im Ganzen doch überall einförmig ist.

Unser Gefül löst in Entzüken sich auf bei den reizenden Bildern, welche Bernier von dem paradisänlichen Königreiche Kaschmire entwirft. Es liegt mitten im Schoose der höchsten Gebirge, und hat die geistreichsten und wizigsten Indier, zu Hand-

tierungen und Künsten, zur Poesie und
Wissenschaft gleich geschikt, zu Einwonern.
Da sprossen die wolgebildetsten Männer em-
por, da blühen die Muster von weiblicher
Schönheit.

Und brüderlich umarmen mögt' ich die
Hindus, den sanftmütigsten Stamm der
Menschen. Kein Lebendiges beleidigen sie
gern, wie neuerdings wieder Mackings
tosh von ihnen rühmte. Ja sie ehren alles, was Leben bringt, und nähren sich mit
der unschuldigsten Speise, der Milch, dem
Reis, den Baumfrüchten, den gesunden
Kräutern, die ihnen ihr Mutterland dar-
beut.

Wie innig vertraut sind wir jezt mit unsern Brüdern in Asien! Und dies ist das
Werk deiner kühneren und weisern Söhne,
du, unser Jarhundert!

Aber dies ist noch nicht alles. Wir kennen nun auch unsre schwarzen Geschwister
genauer aus den Nachrichten von Bruce.
Und wir wissen die Negern am Gambia und
Senegalstrom, die Jalofer und Mandigoer

höher zu schäzen, oder wenigstens sie, wann sie Sklaven werden müssen, von Herzen zu bedauern. Die schwarzen Juden in Loango halten wir mit Recht für Spröslinge aus Abrahams Samen. Selbst den räuberischen Jaga's und Anzifen werden wir holder, sobald uns Proyart in seiner Geschichte von Loango, Kakongo ꝛc. sie mit all ihrer menschlichen Fähigkeit darstellt.

Man betrachtet jezt die Adamskinder im heissen Afrika mit andern Augen, als vordem. Sie sind vom Quelle des Lebens, der Sonne, am stärksten getränkt; bei ihnen und überall um sie her hat er am lebendigsten, am tiefsten gewirket. Man seh' ihr Land, reich an Gold und Früchten, ihre himmelhohen Bäume, ihre kräftigen Thiere! Alle Elemente wimmeln bei ihnen von Leben, und sie wurden der Mittelpunkt dieser Lebenswirkung.

Ach! So freuet euch ferner mit mir über die grose Erweiterung unsrer Weltskenntnis in den Südgegenden! Reinhold Forster, der Ulysses im südlichen Archipelagus, wie ihn Herder nennt, hat uns die Arten und Abarten des dortigen Menschengeschlechtes mit Verstand und aus Untersuchung geschildert, besonders die Badschu auf Borneo, die Alfuhri auf einigen Moluken, und die Subado's auf Magindano. Und welches Gemälde gab uns Cook von Unalaska's Bewonern!

James Cook, der Columbus unsers Jarhunderts, unternahm mit unaussprechlichem Muthe, wie dreissig Jahre vor ihm Georg Anson, eine Entdekungsreise um unsern Erdwasserball, und hatte zuerst einen Byron, Carteret und Wallis, hernach einen Banks und Solander, endlich einen Clerke und Gore zu Begleitern. Diese Tapfern wogten einher, wie Stürme, welche den Felsen furchtlos begegnen, und die Wälder aus ihren Wurzeln reissen. Ueber unzälige Gefaren siegte ihr Muth, und in der Mittagshemisphäre fanden sie Länder, welche zusammengenommen nun unsern fünften Weltteil bilden.

Südindien oder Australien, so heisst dieser neue Weltteil, hat Menschen, die

in allen Stüken einen hohen Grad von Kultur zeigen. Warlich die Gebieterinn Ones
rea auf Otahiti lies so viel königlichen
Geist, so viel weibliche Tugenden von sich
stralen, daß man sie wol die Maria Theresia ihres Volkes nennen mögte. Aber,
ach! zwischen den beiden ältern Welten ge-
langte Cook zum Ziele seines Lebens. Da,
wo ihr von den Bergen auf Kamtschatka gegen Nordamerika's Küsten hinüberschaut,
da strömt die Meeresstrase Anian vorbei
(jezt Cooksstrase genannt), da ward auf
dem Eilande Owyhee der grose Weltum-
segler ermordet. Ewiger Schöpfer! Und
die Mörder, welche ihm sein Herz ausrissen,
waren auch deine Söhne, unsre Brüder!

Lasset nun das Schmerzengefül der
Menschlichkeit über den rastlosen Kampfes-
stürmer weggeseufzet sein, und schwebet mit
mir auf Amerika nieder! Wie sehr hat sich
auch dieses spätere Mitglied des allgemeinen
Menschenvereins in unserm Jarhundert verändert! Von den Eisbergen an, die uns
noch den Zugang zum alten Grönlande ver-

sperren, bis zum Feuerlande sind wir auf beiden Seiten zu höheren Kenntnissen gestiegen. Ich will jezt nur das, was die Menschenkunde betrift, mit wenigen Worten berühren.

Auffallend ist es, daß bei aller charakteristischen Verschiedenheit der Völkerschaften in Kanada dennoch im Ganzen ein allgemeiner Charakter im Gesicht herrschet; noch mehr, sezt Georg Forster hinzu: es ist ein wunderbarer Anblik, daß diese Uebereinstimmung von aussen auch wirklich bei den Peschereis, jenem Auswurfe andrer Nationen, wieder zum Vorschein kömmt.

Aenliche Bemerkungen liefert uns Carver über alle Savanner, besonders über die Nadowessier, Tschiwipäer und Winosbagier; Adair spürte dem Wesen der Tscheraki's, Tschikasah's und Muskogen nach; mit den sogenannten fünf Nationen aber brachte Colden uns in eine nähere Bekanntschaft. Waffer, der den Seeräubern entflohen war, fand Sicherheit bei den Wilden in Terra firma, und hielt sich eine Zeitlang unter ihnen auf. Er rühmt diese verschrieenen Menschen, und Pages spricht (in der Beschreibung seiner Reise um die Welt) mit Achtung von den Chaktas, Abaisses und Tegas. Sind das die Leute, die man uns als ein unreifes oder entnervtes Gewächs der Menschheit hat vorstellen wollen?

Fermin, ein treuer Naturforscher, sagt von den Indianern in Surinam, sie seien so wolgebildet und so reinlich, als es die hochgesitteten Menschen in verfeinerten Ländern nur sein können. Die Fabel von Amazonen am Maragnon ist vor den Untersuchungen lichtvoller Kundschafter verschwunden. Und lesen wir Bankrofts Naturgeschichte von Guiana, und seine Berichte von den tapfern Karaiben, den trägen Worrows, den ernsthaften Accawaws und den geselligen Arrowauks, so werden wir die Vorurteile von der schwachen Gestalt, und dem nichtswürdigen Charakter dieser Völker, welche doch den heissesten Erdstrich bewohnen, aufgeben.

Auch Lery und Gumilla (orinoco illustrado) geben uns bessere Begriffe von den kriegerischen Tapinambos und den ungezählten Stämmen in Brasilien und am Orinoko. Falkner und Bidaure hingegen wandern weiter an den Cordilleras gegen Mittag hin, und klären uns Chili und Patagonien auf.

Hier am Vorgebirg Horn sei unser Endpfal! Nun lasset uns den matten Blik von der Uebersicht aller Geschlechter der Menschen zurükziehn! Freilich werden wir voll Verwunderung und Erstaunen ausrufen: Vater Adam! sind dies alle deine Kinder? Aber Reisebeschreiber und Naturforscher beweisen uns augenscheinlich, es seie, troz der verschiedenen Formen des Menschengeschlechts, doch eine und ebendieselbe Menschengattung.

Ach! ihr Menschen vom Aufgang bis zum Niedergange, ihr möget erscheinen wie ihr wollet, so seid ihr doch allesamt unsere Brüder! Euer Tien ist uns heilig, und euren Vizlipuzli halten wir nicht mehr für läpplsch. Der Dalai Lama in Tibet oder in Rom soll uns nicht hindern, in euch die Macht und Güte der Gottheit zu erkennen. Ihr möget das Wesen aller Wesen euch vorstellen und bilden, wie ihr wollet; wir werden jezt aufhören, euch unmenschlich zu verdammen!

„Das wissen wir nun, daß der Mensch das Innere der göttlichen Natur nicht erkennen kann; ja wenn man Gott gestalten wollte, so hat man geirrt, und muß irren: denn Gott ist gestaltlos, obwol die erste, einzige Ursache aller Gestalten. Indessen ist auch jeder falsche Schimmer von Gott dennoch Licht, und jeder trügliche Altar, den der Mensch ihm baute, ein untrügliches Denkmal nicht nur des göttlichen Daseins, sondern auch der Macht des Menschen, Gott zu erkennen und anzubeten."

Ja du bist es, o Mensch, unter welchem Erdstriche du auch wohnen magst, du bist die Krone der Schöpfung, der Sohn aller Elemente und Wesen, und das lezte Schooskind der Natur! Und daß wir genauer dich kennen, dich herzlicher lieben, und mit dir zur allgemeinen Vereinigung stufenweise fortschreiten: dies ist das grose Werk unsers Jarhunderts.

―――

Der Mensch ist bekannter geworden mit den Elementen, in denen er lebt und webt.

Wie manche einst unbekannte Dinge sind in den neuern Jahren entdekt worden, die alle im Medium der Luft wirken! Die elektrische Materie und der magnetische Strom, die uns umfliesen; das Brennbare und die Luftsäure und die erkältenden Salze sind lauter mächtige Principien der Naturwirkungen auf die Erde. Die einfachen Grundsäze, auf welche man diese Entdekungen gebracht hat, führen uns auf den Weg, unsere Erdschöpfung so einfach zu erklären, als Newton das Sonnengebäude darstellte.

Nichts giebt einen so erhabenen Blik, als diese Einbildung des grosen Weltgebäu=

des; und der menschliche Verstand hat vielleicht nie einen weitern Flug gewagt, und durch Herschel nun, wie es scheint, vollendet, als da er die einfachen, ewigen und vollkommenen Geseze der Bildung und Bewegung der Planeten aussann und feststellte.

In diesem Jarhundert ist uns überhaupt eine neue Welt von Kenntnissen eröfnet worden, wenn wir alle Beobachtungen über Wärme und Kälte, über Luft und Feuer, und ihre mancherlei Einflüsse auf die Bestandteile, auf die Zusammensezung und Auflösung unsrer Erdwesen, besonders auf Pflanzen, Thiere und Menschen, sammeln wollen.

Aus der grosen Menge will ich nur einige der schönsten und nüzlichsten Entdekungen herausheben. Isaak Newton muß wieder zuerst genannt werden. Ein heiliger Schauer von Ehrfurcht ergreift meine Sele, so oft ich an diesem Unsterblichen hinaufdenke. Vom Laufe der Welten, die im unendlichen Raume der Schöpfung ihren ewigen Gang gehen, bestimmte er Zeit und

Maas; die anziehende Kraft des Weltgebäudes, welche Kepler zuerst vermutet hatte, bewies er; vom Quell alles Lichts und Lebens in unsrer Schöpfung, von dir, o Sonne, faßte er die Stralen auf, und gerieth auf die wahre Natur des Lichts und auf die Entstehung der Farben; als Hilfsmittel zur Beobachtung der himmlischen Körper erfand er das Spiegelteleskop, und mit seinem Geistesbruder, dem teutschen Leibniz, kam er zu gleicher Zeit auf die Gründe der Differentialrechnung. Von ihm konnte Pope den stolzen Ausspruch thun: „Gott sprach, es werde Licht! Da ward Newton, und sieh es ward Licht!" Und mit Rechte steht auf seinem Grabmal in der Westmünsterabtei: „Die Sterblichen mögen sich Glük wünschen, daß eine so grose Zierde des Menschengeschlechts unter ihnen aufgestanden ist."

Ja, es ward Licht! Was doch ein groser Extramensch über seine Zeitgenossen vermag! Newton und Leibniz leuchteten voran, und zogen eine Reihe von verehrungswürdigen Forschungsgeistern hinter sich nach. Die Kräfte und Wirkungen der Natur waren hinlänglich entdekt, und John Locke hatte die Kräfte des menschlichen Verstandes bei der Erforschung der Wahrheit ungemein weise bestimmt. Nun zog mit ädelm Muthe Christian Thomasius wider die sogenannten Scholastiker zu Felde, stürzte ihr hierarchisches Ansehen nieder, und erhob dagegen die holden Töchter des Himmels, die bescheidene Philosophie und die erhabene Freiheit zu denken, auf den Thron der Menschheit. Nun schwanden die Vorurteile des Aberglaubens, und Hexen und Gespenster flohen, wiewol lange sich sträubend und oft zurükspukend, mit ihrem geträumten Monarchen, dem Teufel, davon in die ewige Nacht.

Alle Teile der Philosophie hatte Leibniz mit sehr scharfsinnigen Erklärungen bereichert, und sogar zur Erkenntnis der Religion angewendet. Was er nun auf solche Art mit dem lebhaftesten Wiz und mit der erstaunlichsten Gelehrsamkeit stükweise vorgetragen hatte, das brachte der Freiherr Christian von Wolf zusammen, und richtete ein vollkommenes Lehrgebäude der Philosophie auf. Dieser nüzliche Mann wurde bald wegen seiner lichtvollen Deutlichkeit und mathematischen Gründlichkeit der allgemeine Lehrer von Europa, und seine vortreflichen Lehrbücher streuten eine so köstliche Aussaat in die Herzen seiner Zeitgenossen, daß die Früchte davon gewis über dieses Jarhundert hinaus aufbewahrt werden. Um seiner Wirkungen willen muste er natürlicher Weise auch viele Feinde haben; besonders verfolgten ihn die Theologen aufs heftigste, weil sie befürchteten, er mögte durch sein Wissen ihren Glauben wegdemonstriren.

Eine eigene Bahn betrat Immanuel Kant. Durch seine Kritiken der reinen und praktischen Vernunft sezte er sich oder, welches wol einerlei ist, der schönsten Fähigkeit des Menschenverstandes erzüberdaurende Ehrensäulen, wozu er schon durch seine frühere Schrift „über den einzigmöglichen Beweisgrund des Daseins Gottes" und durch die „allgemeine Naturgeschichte und Theorie des Himmels" den Grund befestiget hatte. Alle Schüler der Weisheit horchen auf ihn, und wer seine Göttersprache nicht versteht, noch ihren Sinn erreicht, der bewundert diesen wunderbaren Confidenten der Vernunft.

Von diesem geweihten Liebling der Gottheit, und aus den unsichtbaren Regionen des menschlichen Geistes schweben wir wieder erdwärts in das Gebiet der offenbaren Natur. Jedes Glied in ihren Reichen kettete Linnee mit dem andern zusammen, und erbaute mit bewundernswürdigem Scharfsinn und Fleise sein herrliches Natursystem. Obgleich Buffon und Forster z. B. mehrere Arten von Säugthieren und Vögeln entdekten, und neuere Naturforscher fast überall weiter kamen, als er; so bleibt er doch allemal der Erfinder, und sein Werk ist ein unvergängliches Muster. Ja seine botanische Philosophie, welche die Pflanzen nach der Höhe und Beschaffenheit des Bodens, der Luft, des Wassers, der

Wärme ordnet, ist eine augenscheinliche Leiterinn zu einer ähnlichen Philosophie in Ordnung der Thiere und Menschen. In seinem hohen Alter entdekte der unermüdete Mann eine Art Speise, mit welcher die Perlenaustern gleichsam gemästet oder geschikt gemacht werden, mehrere und vollkommnere Perlen hervorzubringen.

Linnee's weitumgreifender Geist erwekte hernach im Abbt Soulavie einen Entwurf zur allgemeinen physischen Geographie des Pflanzenreichs; und Kölreuter lehrte zuerst durch Auftragung des Blumenstaubs in die Narbe des Staubweges Bastardpflanzen zu erzeugen.

Der grose Graf Buffon umspannte wieder, nachdem die Reiche der Schöpfung immer weiter entdekt worden waren, mit ausserordentlicher Geisteskraft die ganze Natur, und schilderte ihr Wesen mit bezaubernder Kunst und Einsicht. Er hätte sich zum untrüglichen Orakel der Natur emporgeschwungen, wenn er nicht von manchen Lieblingsideen oft ins Reich der Phantasie wäre verleitet worden. Behaupten indessen seine aufgestellten Geseze nicht den Rang der Warheiten, so bleiben sie doch immer achtungswerthe und schöne Hypothesen.

O liebe Mutter Natur! Noch einen grosen Priester deiner Geheimnisse und Offenbarungen schenktest du unserm Jarhundert! Albrecht von Haller, der gelehrteste Physiolog aller Zeiten und Nationen, seid stolz, ihr Zeitgenossen, und freuet euch, Er war unser! Ihr wisset seine vielseitigen Verdienste hochzuschäzen; sonst wäret ihr nicht würdig, seinen Namen zu kennen. Meinem Fassungsvermögen sind sie zu gros: jedoch seine Werke sind in euren Händen. Nur vor dem Allerheiligsten deiner Erdeschöpfung, grose Mutter, vor der Werkstäte des Menschenverstandes, laß einen Augenblik mich verweilen!

Hallers kühner Geist ist hineingedrungen. Unaussprechliche Mühe hat er sich gegeben, die Gröse des Gehirns bei Menschen mit der Gehirnmasse anderer Thiergattungen zu vergleichen, und daher Thier und Gehirn gegen einander zu wägen. — Seine Erfarungen sind unschäzbar; und er bestrebte sich sogar, den Gang der Ideensbildung aufzusuchen. „Er hat die verschiedenen Kräfte, die sich im Thierkörper physiologisch äussern, nämlich die Elasticität der Faser, die Reizbarkeit des Muskels, endlich die Empfindung des Nervengebäudes mit einer Genauigkeit unterschieden, die im Ganzen nicht nur unwiderlegbar bleiben, sondern noch die reichste Anwendung, auch bei andern als menschlichen Körpern, zur physiologischen Selenlehre gewähren dürfte."

Wie manche Thiere, die uns von aussen so unähnlich scheinen, sind uns im Innern, im Knochenbau, in den vornehmsten Teilen des Lebens und der Empfindung, ja in den Lebensverrichtungen selbst auf die auffallendste Weise ähnlich. Man frage die fleissigsten Arbeiter in der Werkstäte der Natur, einen Haller, einen Daubenton, Perrault, Pallas und andere Akademisten. Und glüklicher Weise gehen jezt Camper, Tyson, Wolf, Wrisberg, Sömme ring, und so viel andre tiefforschende Zergliederer auf diesem geistigen physiologischen Wege der Vergleichung mehrerer Geschlechter in den Kräften der Werkzeuge ihres organischen Lebens.

Wrisberg hat einen beträchtlichen Reichtum von Erfahrungen gesammelt. Er untersuchte vorzüglich die specifische Schwere des Gehirns; und dies ist ein feinerer Maasstab, als der, den Haller bei seinen Berechnungen gebraucht hatte. Und du, rastlos thätiger Sömmering, verdienst allein wegen deiner Unermüdsamkeit in der Erforschung des Gehirns und Rükenmarks, wenn auch deine übrigen Lorbern vergänglich sein sollten, die Bewunderung deines Jarhunderts und den Dank der Nachwelt!

Es ist, wenn ich nicht irre, ein Saz der alten Schulen: Im Kleinsten erscheint die Gottheit am Grösten. Auch dies ist in unserm Zeitalter mit unglaublicher Scharfsichtigkeit und Gründlichkeit bewiesen worden. Swammerdam, Leuwenhoek, Reaumur, Rösel entdekten in den unbe-

kanntern Welten kleiner Geschöpfe uner,
meßliche Gefilde für den Beobachtungsgeist,
und ihr treuer Fleis malte uns die lehrreich,
sten Beispiele von der Haushaltung der In,
sekten, von ihren Naturkräften und Fertig,
keiten, aufs schönste vors Auge.

Die Republik der Biene, das Gewebe
der Spinne, und unzälige Dinge, welche
kein menschliches Auge noch sah, und der
Verstand kaum ahnen konnte, sind jezt an's
Licht gebracht. Lyonet z. B. zergliedert
die Raupen, und seine Entdekungen sind
erstaunlich. Sehet die fünftausend Mus,
keln, die er in der Weidenraupe gezält hat,
da der mächtige Untergott hienieden, der
Mensch, deren kaum fünftehalbhundert be,
sizet! Und der Abbt Fontana zu Florenz
hat so vielfältige Versuche mit dem Ottern,
gifte gemacht, daß er sich jezt davon satt
ißt.

Reimarus hat ein vortrefliches Buch
über die Triebe der Thiere geschrieben, das
so wie sein anderes über die natürliche Re,
ligion ein bleibendes Denkmal seines for,

ſchenden Geiſtes und ſeiner gründlichen Warheitsliebe ſein wird. Ach! Welche Verherrlichung des Ewigen in dieſen Zeugen ſeiner Allmacht, in den thieriſchen Kunſttrieben! Der Polyp ſcheint wie die Pflanze zu blühen, und iſt Thier: er ſucht und genieſet ſeine Speiſe thierartig; er treibt Schöslinge ab, und es ſind lebendige Thiere: er erſtattet ſich, wo er ſich erſtatten kann; das gröſeſte Kunſtwerk, das je ein Geſchöpf vollführte! Wie ein gereizter oder zerſchnittener Muſkel mehr Kraft äuſſert; ſo äuſſert ein gequälter Polyp alles, was er kann, um ſich zu erſtatten und zu ergänzen. Er treibt Glieder, ſo lange ſeine Kraft es vermag, und das Werkzeug des Zergliederers ſeine Natur nur nicht ganz zerſtörte. Die Entdekung der beſondern Art aber, womit ſich die Polypen fortpflanzen, hat Trembley, ein Genfer, im Jahre 1743 gemacht.

Und das Sonnenmikroſkop iſt drei Jahre zuvor in Berlin von dem berümten Lieberkühn erfunden worden. Durch ſolche Vergröserungsgläser erscheinen uns nun Dinge, welche der schärfste Sinn nicht wahrnehmen kann, in Riesengestalten. Die Milbe schrökt uns mit der Gröse des Elefanten, das Infusionsthierchen spielt in seinem Elemente wie der Schwan im Teiche, der Staub auf Schmetterlingsflügeln zeigt sich prächtiger als die Federn des Strausses. So traf von dir, ewiger Quell des Lichts, ein Stral in die Sele des Menschen! Er schuf sich Werkzeuge zur Verstärkung seiner Sinne, damit er weiter in deinem Laufe dir nachspüren möge, und nun werden unsichtbare Schöpfungen durch geschliffene Krystallinsen enthüllt. Ja! Die Priester in deinem Heiligtum predigen es laut, und mit Entzüken hören es die Söhne unsers Jarhunderts: In den kleinsten deiner Wesen, unendliche Gottheit, offenbarest du dich am grösten!

Mit dieser hohen Empfindung im Herzen lenken wir unsre Betrachtung zurük auf das Medium, von welchem wir ausgingen, und in dem wir leben. Der Mensch ist ja, wie alles andre, ein Zögling der Luft, und im ganzen Kreise seines Daseins ein Bruder aller Erdorganisationen. Wie nüzlich haben sich also die Luftforscher unsers Jarhunderts beschäftigt, wenn sie wie **Boile, Boerhaave, Gravesand, Franklin, Priestlei, Crawfort, Böckmann, Achard, Toaldo, de Luc, Lambert,** u. a. m. ihre treuen Beobachtungen darüber sammelten, um endlich eine geographische Aerologie zu erhalten, und dies grose Treibhaus der Natur in tausend Veränderungen, jedoch nach einerlei Grundgesezen, wirken zu sehen.

Besonders auffallend sind Crawforts und Crells Versuche über das Vermögen der Pflanzen und Thiere, Wärme und Kälte hervorzubringen und zu vernichten. Ja es ist so weit gekommen, daß Gmelin schon ein eigenes Buch über die neuern Entdekungen in der Lehre von der Luft schreiben konnte.

Aber nichts in der Natur ist so sehr der allgemeine Lieblingsgegenstand unsrer Zeitgenossen geworden, als die elektrische Materie, der magnetische Strom, und die brennbare Luft. Es ist auch kein Wunder, daß man mit ungeteiltem Beifalle diese allverbreiteten Kräfte der Natur liebgewann. „In den tiefsten Abgründen des Werdens, wo wir keimendes Leben sehen, werden wir das unerforschte und so wirksame Element gewahr, das wir mit den unvollkommenen Namen: Licht, Aether, Lebenswärme, benennen, und das vielleicht das Sensorium des Allerschaffenden ist, dadurch er alles belebet, alles erwärmet. In tausend und Millionen Organe ausgegossen, läutert sich dieser himmlische Feuerstrom immer feiner und feiner: durch sein Vehiculum wirken vielleicht alle Kräfte hienieden, und das Wunder der irrdischen Schöpfung, die Generation, ist von ihm unabtrennlich."

Die Elektricität (oder Agtsteinkraft, wie sie Hemmer uneigentlich nennt) ist in diesem Jarhundert so sehr untersucht und auf so vielerlei Arten angewendet worden, daß man jezt die Lehre davon als eine Hauptwissenschaft ansieht. Otto Guerike, der

Erfinder der Luftpumpe, kam schon in der Mitte des vorigen Jarhunderts auf den Einfall, vermittelst einer Kugel von Schwefel auch dieser Naturkraft nachzuspüren, und die ersten Versuche von der Elektricität zu machen. Man haschte voll Neugier und Forschungstrieb nach der neuen Erscheinung, und war so glüflich, in ihr Wesen zu dringen.

Die Commotion oder den Leidner Versuch hat D. Cuneus zu Leiden (im J. 1746) zuerst entdekt, oder wenigstens öffentlich angezeigt. Denn drei Jahre zuvor war schon ein Herr von Kleist in Teutschland darauf gerathen. Die Elektrisirmaschine mit einer Scheibe von Gummilak, welche sich in Queksilber reibt, ist eine Erfindung des Doktors Martin van Marum; den beständigen Elektricitätsträger hat man dem italienischen Edelmann, Alexander Volta zu danken; und Luloff hat zuerst den Versuch zuwegegebracht, mit einem elektrischen Funken Weingeist anzuzünden.

Aber Benjamin Franklin (neiget euch tief vor seinem unsterblichen Namen, ihr

Zeitgenossen, die ihr Menschenwerth füh­let!) Franklin, der vielseitige Wolthä­ter und Erfreuer der Menschheit, durchspäh­te mit Newtons Geiste die himmlischen Re­gionen des Aethers, und leitete seinen Feuer­strom, der oft die schröklichsten Verwüstun­gen hienieden anrichtet, sanft wie die Gott­heit, die ihre Allmacht zum Heil der Ge­schöpfe wirken läßt, zur Erde herunter. Als ein Freund der Erd' und des Himmels begegnet' er unerschroken dem drohenden Blizstral, und führt' ihn, sicher an seinem eisernen Stabe, an Dach und Schlafstäte vorbei.

Dem erhabenen Lehrer folgsam bewafnet man jezt alle Arten von Gebäuden mit Bliz­ableitern; ja man ist durch erfinderische Kleinmeister aus Furcht vor Gewitterschlä­gen so behutsam geworden, Hüte und Stök­ke nach Kunstmanier mit Draht zu versehen, um sich auf seinen Wandelwegen, ohne Le­bensgefahr von oben, ergözen zu können. O grose Mutter Natur, wie verherrlichest du dich immer mehr in deinen Kindern!

Der Bliz fährt vom Himmel; Alle Geschöpfe zittern: Franklin strekt ihm sein Stäbchen entgegen, und spielt mit ihm.

Das ist der Mann, von dem alle Geschlechter der Menschen sagen werden, was auf seiner Ehrenmünze geprägt steht:

Eripuit fulmen coelo, sceptrumque tirannis!

O der liebe Franklin that noch mehr! Er hat uns nicht allein vor den feurigen Pfeilen des Himmels gesichert, und sein Vaterland, wie wir in der Folge vernehmen werden, vor dem Schwerte der Tirannen geschüzt, sondern auch die Harmonika ist sein Werk. Dieses musikalische Werkzeug besteht aus gläsernen Gloken, deren unnachahmliche Töne der menschlichen Stimme am nächsten kommen, und Herz und Nerven mit göttlicher Wollust erfüllen. Es wurde (im Jahre 1765) durch die brittische Künstlerinn, Davies, zuerst in Paris bekannt gemacht, und nachher durch vielerlei Verbesserungen zu einem hohen Grade von Vollkommenheit erhoben. Ja der Abbt Gattoni flog sogar mit diesem bezaubernden Spiel auf den Gipfel des Daches. Er verfertigte nämlich eine meteorologische Harmonika, in der Gestalt einer Harfe, mit fünfzehn eisernen Saiten von verschiedener Dike, welche die sieben Haupttöne angeben. Sie steht auf einem Thurme, und bemerket durch ihr Spiel die geringsten Veränderungen des Wetters. Oft spielt sie stundenlang fort, je nachdem sie von den sanftern oder stärkern Wellen der Luft in Bewegung gesezt wird.

Ha! So schweben wir unvermerkt wieder im Luftraum! Wir wollen uns loswinden vom elektrischen Stof, und einen Augenblik bei der magnetischen Ausströmung verweilen! Kennten wir die Geseze und Wirkungen des Magnetismus unsrer Erde auf ihre verschiedenen Körper, ach so würd' uns der Magnet im Reiche der physischen Kräfte vielleicht das werden, was er uns eben so unerwartet auf Meer und Erde schon ward. Indessen ist man in der Mitte dieses Jarhunderts auf die Erfindung des künstlichen Magnets, durch einen Engländer Namens Canton, gekommen.

Was aber Mesmer und die Scharen seiner Anhänger von der Anwendung des Magnetisirens bei Kranken, von Somnambulismus, und von den Aeusserungen eines Divinationsvermögens geträumt, gelehrt und gequaksalbert haben, das gehört unter jene Sottisen, mit welchen öfters der Dämon des Jarhunderts die schlummernde Leichtgläubigkeit zu neken oder zu prellen pflegt. Dies ist jedoch keinem Zweifel mehr unterworfen, daß in der magnetischen Kraft, als einem Principium der Natur, noch viele Eigenschaften verborgen sind, über deren Wirkungen man so sehr erstaunen würde, als über Franklins natürliche Zaubereien.

Und es ist auch (verzeiht mir's, daß ich zur Prophetenmiene meine Stirn' in Falten lege!) es ist auch noch nicht völlig mit Kayamorts, dem grosen Stier unsers Jarhunderts, am Ende. Erst, nachdem sein Leben ausgehaucht ist, erst alsdann können aus dem Leichnam desselben neue Geschöpfe der Erde, neue Urkunden des bildenden Weltgeistes, und neue Bilder des Menschenverstandes entstehen.

Süſſes Medium der Natur, immer herrlicher offenbareſt du dich! Allerhaltende Luft, wie theuer biſt du deinen Zöglingen in dieſem Jarhundert geworden! Der kühne Menſch ſenkt ſich in die Tiefen und Höhen des überallwallenden Luftoceans. Aus den Bergſchichten und aus den Kammern der Verweſungen holt er den Stof, aus dem er ſich ein Vehiculum bereitet, himmelwärts ſegeln zu können. Triumphirend ſchwebt er mit ſeinem Schifchen empor durch die Lüfte, ſteuert in höheren Regionen umher, entzieht ſich dem ſchwachen Auge des nachſtaunenden Erdenſohns, und wird mit der ſcheinbaren Gröſe eines Sternes der Nachbar des reineren Aethers.

Es iſt wahr: Die erſte Idee zu Reiſen in der Luft iſt nicht von dem Geiſte unſers Zeitalters erzeugt worden. Aber wann wurde der Gedanke wirklich ausgeführt? Wer that den erſten Schritt? Franz Lana verſuchte es, ſeine Gondel mit luftleeren metallenen Kugeln in die Höhe zu bringen. Und das war alles! Die neuern Naturforſcher brachten es weiter.

Im Jahre 1783 erfanden die Brüder, Stephan und Joseph, Montgolfier die aerostatische Maschine. Den ersten Versuch machten sie zu Aunonay, in Gegenwart der versammelten Landstände von Vivarais. Die Maschine war von Leinwand mit Papier gefüttert, übrigens sehr mangelhaft zusammengesezt. Unten hatten sie eine Oefnung gelassen, in welche sie den Dampf von angezündetem hellflammendem Stroh, worauf von Zeit zu Zeit noch eine Handvoll Scheerwolle geworfen wurde, hinaufsteigen liessen. Dieser Dampf erfüllte die Maschine, und die in ihr enthaltene Luft machte sie nun fähig, sich empor zu heben. Der Professor Charles und Robert sein Freund bedienten sich hernach zur Füllung einer solchen Maschine der entzündbaren Luft aus Eisen, mit Vitriolsäure entbunden. Durch einen glüklichen Erfolg wurde Charles zu einem Nebenbuler der Montgolfiers, aber diese behaupteten doch die Ehre der ersten Erfindung.

Der erste Versuch einer Luftreise geschah im November des angezeigten Jahres zu la Muette bei Paris. Unter der Prüfung des Kenners verdient Charles durch seine Verfarungsweise den Vorzug. In der Folge drängten sich unzälige Lehrlinge der Natur, und mit unter auch manche Stümper und Abenteurer vor die Augen des neuzierigen Volkes, und liessen ihre luftigen Ungeheuer glüklich in die Höhe steigen, oder tief hienieden während ihrer Entwikelung zerplazen. Pilatre de Rozier, ein kühner Jüngling voll Wissenschaft und Geist, der sich in der Gegend von Boulogne hinaufwagte, aber bald wieder mit den Trümmern seines verbrannten Luftballes jämmerlich zerstükt niederstürzte, ist werth, daß die gerechte Menschheit um ihn die wärmsten Klageträneu weint.

Ohne gründliche Wissenschaft, ohne Kenntnis der Naturkräfte und ohne die mindeste Erfarung von ihren Wirkungen unternahm hingegen der abenteuerliche Wagehals Blanchard sechs und dreissig Luftreisen, und führte sie mit einem Erfolge aus, der seine überspanntesten Erwartungen übertraf. Welch ein feierlicher Anblik war es, als er von Britanniens Küsten sich in Gesellschaft des diken Doktors Jefferies mit seinem Luftschiff' erhob, und hoch in den Lüften nach Frankreichs Ufern herüberflog! Welche ein besorgliches Staunen unter den Gaffern bei Douvre! Welch ein Triumph=geschrei, welch ein Vergötterungsjubel der erwartenden Menge bei Calais! Warlich, das war mehr, als jener gepriesene Däda=lus der Griechen that!

Um dieser kühngewagten und glüklich vollendeten Luftfahrt willen hätten ihm die Wiener seinen acht und dreissigsten Versuch, ob er gleich gänzlich mislungen ist, verge=ben sollen. Sie machen es hierinn wie die Türken. Ein Held, der bei diesen eine Schlacht nicht gewinnt, verliert auch seinen Kopf. Und weil den verwägenen Blan=chard sein Exjesuite (man merke wol, daß wir vom neuen Wien sprechen) verlassen hatte, so wird das Luftschif nicht kunstmä=sig gefüllt, der Windbeutel wird vor's Ge=richt geführt, vom Pöbel aus allen Ständen verhöhnt, und der Unwissenheit öffentlich überwiesen. Um sich dafür schadlos zu halten, sucht der entschlossene Wiener darnach seinen Zeitvertreib beim Lustfeuerwerk, bei der Thierheze oder in den Scherzen seines allerliebsten Kasperls.

Der Unverständige nennt dies Meisterstük des menschlichen Verstandes ein Kinderspiel, der Kenner bewundert es, und mutmasset aus der Erfindung der Luftmaschinen manche Vorteile für die Menschheit. Wir mögen ja ansehen, was wir wollen; sagt, was war gleich anfangs vollkommen? Wie weit sind erst in der Folgezeit die späteren Forscher gestiegen! Was mögen die zallosen Schiffe des persischen Don Quixote's Xerxes für eine Gestalt gehabt haben in Vergleichung mit einer jezigen Kriegsflotte der Britten!

Ich bin noch lange nicht am Ende mit der Anzeige von den hauptsächlichsten Entdekungen, die man in unserm Jarhundert gemacht hat! Noch fehlt die Skizze von dem Gemälde, welches unsern Wohnplaz die Erde, wiewol nur oberflächlich und im Kleinen darstellen sollte. Mit Blanchard's Wagemuth will ich es also auch versuchen, einige Linien zu entwerfen.

Man hat in unsern Tagen nicht allein die Höhen der Lüfte durchflogen, sondern ist auch in die Tiefen der Erde gedrungen. Ja es ward eine Angelegenheit der Nationen und ihrer Könige, die tüchtigsten Männer aus ihren Akademien als Kundschafter gegen alle vier Winde auszuschiken. Von dem Erfolg ihrer Bemühungen konnte man sich allemal gewissere Vorteile versprechen, als von den schwärmerischen oder eigennüzigen Absichten der Evangeliumsprediger unter den Heiden.

Im Jahre 1740 ist man darauf ausgegangen, die Gestalt der Erde zu beobachten. De la Condamine, Gautier u. a. reiseten auf Veranstaltung der Pariser und Berliner Akademien nach Südamerika, und bei Quito, da wo die Cordilleras de los

Andes (jene Gebirgreihen in Chili und Peru, die noch einmal so hoch als die Alpen dastehn) aufhören, da stiegen sie auf den allerhöchsten Berg unsrer Erde, auf den Chimboraso. Hier standen sie dreitausend zweihundert und zwanzig Toisen hoch über dem Meere, überschauten die Erde als ein unendliches wallendes Meer, sahen nichts, als zusammengerükte Berge, zwischen denselben Ebenen und Flüsse, wie unordentliche Risse, Klüfte und Sümpfe.

Jezt nahmen sie die Protokolle und Resultate der Untersuchungen und Berechnungen früherer Weltenmesser zu Hilfe, und fanden, daß die Erde keine vollkommene Kugel sondern an den Polen eingedrükt sei, folglich die Gestalt einer Sphäroide habe. Hernach stellten Pater Hell von Wien und Professor Celsius von Upsala im äussersten Norden zu Wardöehuus, desgleichen Pater de la Caille im Süden auf dem Vorgebirge der guten Hofnung weitere Beobachtungen an, wodurch nicht nur die Gestalt der Erde bestätigt, sondern auch an dere Entdekungen, besonders unter den Gestirnen des südlichen Himmels gemacht wurden. Nun darf man also mit mathematischer Gewisheit annehmen, daß der Halbmesser der Erde unter dem Aequator 3,277123, der Halbmesser der Erdaxe aber 3,266465 Toisen betrage, daß also die ganze Erdaxe um 21,316 Toisen kleiner sei, als der ganze Durchmesser von Osten nach Westen.

Unsre heutigen Naturforscher stiegen auch, wie ich vorhin erwähnte, in die Tiefen der Erde, wülten im Innern der Gebirge und Ebenen, zälten und massen ihre Erdschichten, und unterschieden darinn die Spuren von abwechslend wirkendem Wasser und Feuer. Manche sahen gelegenheitlich zu, wann die Erde Berge oder Inseln gebiert, sahen also das schreklichprächtige Schauspiel der sogenannten ersten Schöpfungstage im Kleinen erneuert.

Der Pater Goree sah z. B. am Anfang dieses Jarhunderts die neue Cammeen=

Insel im Archipelagus entstehen; Hamilton im Jahre 1767 beim Vesuv einen neuen Berg, der in acht Monaten schon 185 Fus hoch war; den noch gröfern Monte nuovo sahen delli Falconi und di Toledo werden.

Ja die Erde hat überall Spuren an sich, die für den Naturforscher so leserlich sind, daß er in ihnen ihre Geschichte erkennen kann. Buffon, Leibniz, Wiedeburg, Wallerius, Silberschlag, Hamilton, de Luc, Sestini und dergleichen Männer verstehen den Lapidarstil der Natur, und entziffern mit untrüglicher Anschaulichkeit ihre Hieroglyphen. Wer hätte sich in den vorigen Zeiten erkühnt, die Geburt der Erde um viele Jartausende früher hinauszusezen, als in jenem alten Buche steht, das vom Himmel stammen soll?

Man wird jezt nicht mehr, wie weiland der Schuster Jakob Böhme, über Moseh's Schöpfungsgeschichte zum Narren. Man weis jezt, daß unser festes Land das allmä-

lige Sediment von Gewässer ist, welches
Myriaden Jahre lang über dem Meeresbo-
den stand; und man sieht, daß Hügel,
Berge und Ebenen schichtenweise gebildet
sind; und man berechnet, daß ein einziger
Hügel von Thonschichten, nur tausend Toi-
sen hoch, wenigstens vierzehntausend Jahre
Zeit zu seiner Entstehung brauche. Diese
Entdekung von **Hollmann**, einem Pro-
fessor zu Göttingen, nahmen **Buffon**, de
Luc und alle neuern Untersucher als einen
unläugbaren Saz an.

Man weis jezt ferner, daß im Innern
unsrer Erde, ohne Luft, ein Feuer brennt,
das sich öfters Oefnungen durch das Meer
und durch unsre Oberfläche gemacht, und
ungeheure Massen ausgespieen, das Mee-
resboden wie Maulwurfshügel emporgehoben, Berge aufgethürmt, und Länder zer-
spalten hat. Von solchen Ausbrüchen feuer-
speiender Berge schreiben sich nicht nur die
höchsten Gebirge sondern auch grose Streken
ebenen Landes her, und warscheinlich ist
unsre ganze trokene Erde teils durch Em-

porhebung aus dem Meere, teils durch Ue-
berschüttung mit Lava entstanden.

Ach wie allgemein hat der Ritter Hamilton, Minister von Grosbritannien am
Hofe zu Napoli, durch seine unaufhörlichen
Beobachtungen, und hernach durch seine
vortreflichen Schriften über den Vesuv und
Aetna die Lehre von den Vulkanen in Umlauf gebracht! In unsern Tagen war ein
Hamilton nötig, um die Steine, mit denen
Düsseldorf gepflastert ist, für Lava zu erkennen, und die vielen nun erloschenen Vul-
kane am Rhein wieder zu finden. Vor et-
lichen tausend Jahren musten da die Spuren
des Brandes allgemein sichtbar sein. Auch
Diarbekir steht auf einem erloschenen Vul-
kane, und ist ganz von Lava gebaut. Von
Vulkanen werden also hier Städte errichtet,
und dort werden wieder andere Städte von
Vulkanen begraben!

So vertraut mit der Natur, so bekannt
mit ihren Kindern, so einheimisch in den
unsichtbaren Gebieten des menschlichen Gei-

stes sind wir in diesem Jarhundert geworden! Bliket allweit umher, ihr Zeitgenossen, mit erwartungsvollen Herzen! Sehet das Dunkel der Nacht entweicht, Unholden und Schrekbilder der schwarzen Phantasie verschwinden, der Himmel grauet, es dämmert, die Morgenröte bepurpert den Gesichtskreis, und verkündet den werdenden Tag, die neue Schöpfung! Dies sind die successiven Epochen des Jarhunderts. —
„Wir haben eine neue Welt erlebt!" sagt der Hierophant der Thronen und Völker, der eisgraue Kaunitz.

———

Wir haben eine neue Welt erlebt. Europäische Aufflärung und brüderliche Duldung sind die Symbole des Jarhunderts geworden.

„Licht! Licht!" ruft der Engel der Schöpfung, vom Morgen bis zum Abend! „Duldung und Freiheit" jubelt der Herold der Menschheit von einem Pole bis zum andern. Lasset uns frölich sein von ganzer

Sele über Licht und Aufklärung, und Duldung und Freiheit sei das Panier unsers Herzens! Indessen werden wir sehen: Wo viel Licht ist, haben wir viel Schatten, und im Schatten wird Leichtsinn mit Zügellosigkeit spielen.

Wer ist unser Prometheus, der das Feuer vom Himmel stahl, und mit Lebenswärme die Menschen beseelte, und die Fakel der Aufklärung aufstekte? Man frage von Lisboa bis nach Philadelphia und Pecking: Welchen Mann haßt die Dummheit, oder (welches wol eins ist) die Pfafferei am heftigsten? Welche Bücher sind am ernstlichsten verboten? Welcher Schriftsteller wird am allgemeinsten gelesen, bewundert und (was das schönste ist) befolgt? Wenn man euch nicht den Namen Voltaire nennt, so habt ihr's mit einem Menschen aus dem vorigen Jarhundert oder mit der boshaften Unwissenheit selbst zu thun.

Voltaire ist der Schriftsteller des Jarhunderts, so wie Friedrich der König desselben ist. Kein Schöngeist, kein Weiser des Altertums; auch kein neueres Extragenie hat so allgemein, so kräftig auf seine Zeitgenossen gewirkt, als Er. Er trat zugleich als Philosoph, als Dichter und als Geschichtschreiber in seinen Wirkungskreis; und in diesen drei schweren Fächern ward er berümter, als die Berümtesten, welche jedes derselben einzeln bearbeiteten. Epigrammen und Schauspiele, Heldengedichte und Ammenmärchen, komische Romanen und philosophische Wörterbücher und kritische Weltgeschichten schrieb er mit gleicher Leichtigkeit.

Mit seiner unerschöpflichen Aber von gefälligem Wiz und mutwilliger Laune sezte er hohe und schöne Warheiten gleichsam spielend durch die halbe Welt in Umlauf, und bekämpft' und vertilgte politische Misbräuche und moralische Lächerlichkeiten durch Spott und Scherz. Er benüzte dabei nicht nur die gangbarsten Vorurteile des Volks, und die spashaftesten Fehden der Gelehrten, sondern auch die Lieblingsschwächen der Kronenträger und Minister, ja sogar die Capricen der schönsten Bräute seiner Zeit.

Einer Menge von Originalköpfen, die in seinem Vaterlande gedrängt beisammen lebten, ward er Originalkopf, und die Gesezgeber des feinen Geschmakes verehrten ihn als Gesezgeber. Selbst der König des Jarhunderts war sein Freund, und blieb es mit ausharrender Anhänglichkeit des Herzens, bis an seinen Urlaub aus der sichtbaren Welt; und Joseph machte einen praktischen Gebrauch von Voltaire's Theorie über das Mönchtum und die Duldung, ob er ihn gleich zu Ferney nicht heimsuchte, als ein Sohn der frommen Maria Theresia.

Die Menschenfeindinn Hierarchie hat nach und nach drei politische Schlagflüsse bekommen, nämlich durch Philipp den Schönen, Luther und Voltaire: seit dem leztern aber ist ihre Auszehrung ganz unheilbar geworden. Und das Siechtum der römischen Curie wurde zuerst im neuen Reiche der Westfranken bei Voltaire's Vergötterung kund gemacht.

Der Sprachenkenner, der Schriftgelehrte, der Systematiker sprechen ihm gründliche Wissenschaft ab, weil er keinen arabischen Codex dolmetschen, keine Monaden zergliedern, und die Jahre von Simsons Abenteuern nicht bestimmen kann. Weil er ferner die Irrwische des Aberglaubens verscheucht, die Justizpfleger entlarvt, und dem Priesterdespotismus Hohn spricht, so verschreien sie ihn als einen Erz- und Erbfeind der Religion.

Hat er auch der Tugend und Sittsamkeit nicht immer geschont, und mit den Ergießungen seines Wizes manche zarte Seele geärgert; war es denn ein Wunder, da er doch in dem Wandel einer Pompadour oder eines geweihten Bischofs eben keinen überströmenden Stof zu Erbauungsbetrachtungen fand? Und manche Thorheiten und Sottisen hat er unterdessen weggelacht, ohne sie eigentlich weglachen zu wollen; und dagegen lächelnd einen Samen der Warheit ausgestreut, von dem wir zum Theil jezt schon die herrlichsten Früchte reifen sehen.

Als der Oberste aller Erzkezer war er doch wiewol nach unzäligen Schwierigkeiten so glüklich, einen Lehnstul unter den Vierzigmännern der französischen Akademie zu bekommen, und von dem Volk, in dessen Sprache er schrieb und dessen ganzen Charakter er sein Lebenlang nicht leiden mogte, vor seinem Tode gekrönt, bejauchzet und im Triumphe geführt zu werden. Er starb, vom Weihrauchsdampfe seiner Anbeter beinah erstikt, im Schose dieses Volks, und das nämliche Volk versagte seinem Leichnam eine Grabesstätte in der gesegneten Erde der römischen Kirche. Sah man hier nicht viel Licht und viel Schatten beisammen?

Die Linien heben sich weiter. Kaum haben ein Duzend Jahre lang Voltaire's Gebeine geruht, so erschütterte sein unsterblicher Geist die Selen des Volkes, daß es kühn und schnell alle und jede Fesseln des Despotismus wegschleuderte, und unter die Trümmer der zerstörten Bastille begrub. Nun wird Voltaire ein Heiliger der höchstkultivirten Nation, seine Vergötterung wird ein Fest der Menschheit, und mit königlichem Pompe werden die irdischen Ueberreste von ihm aus der dunkeln Grabeshöle zu Romilly in einen Haupttempel nach Paris verpflanzet.

Zu gleicher Zeit aber (das Lächeln sei euch unverwehrt, meine Freunde, wenn ihr das Schattenstük dagegen betrachtet!) zu gleicher Zeit, da Voltaire's Staub in die Genovevenkirche gebracht wird, spricht der Despot' an der Tiber (o ich meine dich nicht, ehrwürdigster Pius Braschi, sondern den Dämon deines Stules!) er spricht auch den ehrwürdigen Diener Gottes, Andreas von Hibernon aus dem reformirten Orden des heiligen Peters von Alcantara, selig, und der Papst eilt selbst mit seinen Kardinälen zur beliebten Verehrung des Seligen hin.

Der Franken Nationalfeier bei Voltaire's Gruft (dem Genius des Jarhunderts sei es gedankt!) ist und bleibt der Menschheit heiliger und unvergeßlicher als die lezten Regungen des sterbenden Gözen auf dem Kapitol. Vergebens schleudert er jezt noch seine Bannstralen auf den Tempel der Aufklärung und Freiheit in Voltaire's Vaterlande: dieser Schriftsteller des Jarhunderts hingegen warf einen Felsenstein in den Weltocean, der weite Kreise bildete, und immer weiter sich ausbreiten, und dann fortwirken wird, bis die Vernunft und Freiheit so unumschränkt herrschen, als vordem der Fanatismus und die Hierarchie.

Ehe wir vorrüken in der Schilderung der Vorzüge unsers Zeitalters, habe ich noch eine Erinnerung von meinem Herzen loszugeben. Man will überall aufklären, und vergißt gemeiniglich, sich zuerst selbst zu prüfen. Man raubt Klöstern ihre Ruhe und ihr Vermögen, um anstatt müssiger Mönche desto mehr müssige Soldaten zu ernären. Man befördert die Bevölkerung, um sich in den furchtbaren Stand zu sezen, ohne Schaden desto mehr Menschen todt schlagen zu lassen. Man nimmt dem Volke die Fesseln der Priesterschaft, um demselben die siebenfach stärkeren Bande der Regierung leichter anzulegen. Man vervollkommnet die Geschiklichkeit und den Kunstfleis des Bürgers, und vermehrt seinen Gewinnst, um ihn desto schwerer besteuren zu können. Nationen werden dem gewohnten Druk ihrer Herren entrissen, und müssen sich unter eine schlimmere Gewalt beugen. Man gestattet Preßfreiheit, um sich an der Thotheit des Schriftstellers zu weiden, und die Geheimnisse des Volkes zu erfaren. Man erlaubt diesem seine ersten und heiligsten Rechte, als wäre es Gnade, um sich dafür vergöttern zu lassen. Arme unglükliche Menschheit, das war nicht Voltaire's Meinung, daß du also mit dir sollest spielen lassen!

Nein! Unsterblicher Voltaire, du warest ein Rächer der unterdrükten Menschheit! — Jedermann weis von dem entsezlichen Justizmorde, welchen das Parlament zu Toulouse an dem braven Kaufmanne Jean Calas erst im Jahre 1762 verübt hat. Dieser Blutzeuge des Fanatismus lebte im verdienten Wolstande, ward aber, weil er kein Papist war, von seinen Mitbürgern gehaßt und verfolgt. Sein ältester Sohn, ein melancholischer Schwärmer, erhängte sich. Weil man an diesem Unglüklichen einige Neigung zum Papsttum verspürt haben wollte, so zog man den Vater als Mörder ein, und er wurde gerädert.

Voltaire machte seine Schrift über die Toleranz, und foderte als Bevollmächtigter der tiefgekränkten Menschheit Rache für den Hingeopferten und Vergeltung für dessen unschuldige Familie. Man hörte seine Klagen. Paris war gerecht, denn Europa erwartete Gerechtigkeit. Die Familie Calas wurde frei und erhielt wieder ihre eingezogenen Güter; die geräderten Gebeine kamen unter die Erde, und die verabscheuten Richter wurden ihrer unverdienten Würde entsezt. Schwacher Triumph der Unschuld! Aber hat sie wol jemals einen schönern gefeiert?

Ein Gegenstük zu der Geschichte von Calas giebt uns Spanien. Ihr staunet mit Recht, daß ich von Voltaire hinüber ins Land der Inquisition greife, wo jedes Verdienst, jede Wissenschaft, jedes Gefül für Warheit und Recht auch zur Kezerei gezält wird, und wo das Glaubensgericht über jeden Stand, über jedes Alter und Geschlecht sein fürchterliches Flammenschwert ausstrekt. Man glaubte schon allgemein, der Geist dieses Jarhunderts hätte diesem Höllengerichte seine Gewalt geraubt, als es auf einmal wieder seinen Arm über das Verdienst erhob.

Ich muß deinen Namen nennen unter den grosen Männern, Paul Olavides, du gekoster Sohn der Aufklärung und trauriges Opfer des Verfolgungsgeistes! Dieser merkwürdige Mann ist zu Peru geboren. Die Natur gab ihm einen Freibrief mit zu allen Ansprüchen eines grosen Mans nes, und er suchte diese auf seinen langen Reisen gültig zu machen. Dabei vergaß er die Vorsicht, die selten kühnen Geistern eigen ist, und grif etwas zu vorlaut und bitter die Irrtümer des Volkes an. Denn er faßte keinen geringern Vorsaz, als Aberglauben und Pfafferei zu demütigen oder zu zernichten. Daduch zog er sich gewaltige Feinde auf den Hals: Die Schwachen konnten ihn nicht begreifen, oder wollten sich nicht überzeugen, und die Neider, die sich von ihm übertroffen sahen, mogten ihre Kleinheit nicht gestehen.

Seine vielfachen Kenntnisse und sein unternehmender Geist drangen dennoch durch, und er wurde zum Generalaufseher über das Kriegswesen, und über die Einkünfte des Königs in den vier Reichen Andalusiens erhoben. Nachher wurden auch seinen Einsichten und seinem Muthe die Kolonien unterworfen, welche er in der Sierra Morena anlegen wollte. Diesen unangebauten, wilden und nur von Räubern bewonten Teil Spaniens schuf er binnen zehn

Jahren ganz um. Mit Räubern, Landstreichern und Müssiggängern nahm er es auf, und zog dergleichen loses Gesindel durch weise Veranstaltungen an sich. Jedoch den Wunsch eines jeden zu befriedigen, übersteigt die Kräfte des Menschen, und so hatte er an einigen Misvergnügten heimliche Feinde.

Jeder Gedanke bei ihm war frei, jede Empfindung warm; und so war auch sein Wort. Man weis, daß dies schon Verbrechen sind, der Inquisition anheim zu fallen. Der argwohnlose Mann hatte einem teutschen Kapuziner sein Vertrauen geschenkt. Dieser tükische Bube verrieth die Meinungen und Ausdrüke seines Freundes als erzkezerisch dem heiligen Gerichte, und der Grosinquisitor freute sich des herrlichen Opfers.

Olavides ward an den Hof berufen, unter dem Vorwande, von seinen Einrichtungen Bericht abzustatten. Er suchte den Nachfolger jenes unmenschlichen Domini kaners Torquemada, den Großinquisitor in den Tagen der Aufklärung, von der Reinigkeit seiner Sitten und der Unschuld seiner Denkungsart zu überzeugen, und er bot sich auf allen Fall jede unvorsichtige Rede öffentlich zu widerrufen. Nichts erweichte den Glaubenstirannen. Der Aedle ward im Jahre 1774 in Verhaft genommen. Vier Jahre lang muste er im Kerker schmachten, und er wäre auf den Scheiterhaufen geschleppt, oder wenigstens öffentlich grausam mishandelt worden, wenn nicht der päpstliche Hof mehr Erleuchtung gezeigt, und Vorstellungen gemacht hätte, daß die Zeit der Barbarei vorüber sei, und die Erneuerung solcher Auftritte der katholischen Religion zur Schande gereichen müsten.

Nach vier Jahren also ward Olavides aus dem Gefängnis hervorgezogen, und muste vor einem geheimen Auto da Fe erscheinen, wo nur zweihundert tirannische Dummköpfe gegenwärtig waren. Die Zeichen des Ritterordens vom heiligen Jakob wurden ihm abgenommen. Nun hüllte man ihn in einen gelben Sak, und gab ihm eine grüne Fakel in die Hand. Nun las man ihm den Prozeß vor, der die schweren Beschuldigungen enthielt: Daß er mit Voltaire, Rousseau und andern Freidenkern in fremden Ländern Umgang gehabt, daß er mit ihnen Briefe gewechselt, und daß er den heiligen Augustin einen armen Mann genannt habe.

Nun ward er für einen Kezer erklärt, und diesem Urteile gemäs war er fernerhin keiner Bedienung mehr fähig. Mithin fielen seine Güter dem König und dem Kezergerichte zu. Er aber muste noch in ein Kloster wandern, um daselbst acht Jahre lang unter der Aufsicht frommer Mönche unter Fasten und Kasteiungen seine Sünden abzubüssen. War es Nachsicht des Hofes, oder war es sein gutes Geschik: Olavides entwischte nach Frankreich. Klein schien ihm der Verlust seines Reichtums gegen den Gewinn seiner Freiheit. Der grose Mann trägt sein Vermögen in seiner Sele, und kein Unfall droht ihm mit der Vernichtung.

Solcher Frevel der Gerechtigkeitspflege, solcher Versündigungen an der Menschheit kann man noch manche dem Jarhundert vorwerfen. Ach das schaudernde Mitleid mag den starren Blik nicht wenden auf Blutgerüste, noch auf die Schifzieher an der Donau! Lasset uns lieber in dem mildern Italien einem menschenfreundlichen Genie, dem unsterblichen Beccaria, huldigen, welcher Verbrechen und Strafen mit der Anlage der menschlichen Natur, mit den Wirkungen auf die Gesellschaft, und mit den Pflichten der Gerechtigkeit und Menschenliebe in die schönsten Verhältnisse sezt.

Noch mehr, meine lieben Zeitgenossen! Lasset uns ein Gemälde schildern, welches uns Du Paty, selbst ein groser Mann, von dem grösten und liebenswürdigsten Manne darstellt. Ihr sehet in demselben wahre Aufklärung und Duldung, Gerechtigkeit und Menschenliebe und alle Tugen den vereinigt. Sez' ich noch hinzu, daß er jezt die erste Krone der Welt trägt, so erkennt ihr den Würdigsten. Das Gemälde aber ist aus der Zeit, da er bei einem kleinen Volke zur väterlichen Herrschaft über zalreiche Völkerschaften sich bildete.

„Er liebt sein Volk, sagt du Paty, und hat alle entbehrlichen Abgaben aufgehoben. Fast alle seine Krieger hat er abgedankt, und nur so viele, als zu einem Muster nötig waren, beibehalten.

Er hat gefunden, daß ihm der Hof sein Volk verbarg, und sein Hof ist nicht mehr. Er hat Manufakturen errichtet, und überall auf eigene Kosten die vortreflichsten Landstrasen angelegt. Er hat Hospitäler erbaut, und man könnte dieselben leicht für Paläste der Grosen halten. Ich habe sie besucht, und überall Reinlichkeit, Ordnung, Sorgsamkeit und zärtliche Pflege gefunden. Ich sah schwache Greise, und es schien, als würden sie von ihren Kindern bedient. Ich sah auch kranke Kinder, und es fehlte ihnen nicht an mütterlicher Wartung.

Selbst in diesen Wohnplätzen des Leidens wird der Fürst ein Vater der Armen genannt. Er vernachläßiget seine milden Stiftungen nicht, sondern geht selbst hin, und besucht die Armen und Kranken. Denn er fühlt nicht bloße Anwandlungen von Menschlichkeit, sondern hat ein menschliches Herz. So oft er in diesem Aufenthalt der Angst und des Schmerzens erscheint, ruft er Freudentränen hervor; und so oft er hinausgeht, strömen Segenswünsche ihm nach.

Um diesem Fürsten vorgestellt zu werden, bedarf man keines vierhundertjährigen Adels, oder der Abstammung von Leuten, welche seinen Vorfahren die Krone streitig machten. Sein Palast ist wie ein Tempel, ohne Ausnahme allen seinen Untertanen offen. Drei Tage in der Woche sind jedoch einer besondern Klasse vorzüglich geweiht, aber weder den Großen und Reichen, noch den Tonkünstlern und Dichtern, sondern den Unglüklichen.

Der Handel und die Gewerbsamkeit sind anderswo, wie die Ländereien, das Erbteil

einer geringen Anzal von Menschen. In
dem State dieses Fürsten steht es jedem
frei, zu treiben, was er weis und kann.
Sobald man eine Fertigkeit, eine Geschiklichkeit besizt, hat man auch ein Gewerbe;
und das ausschliesende Privilegium ist Genie.

Er beschäftiget sich während seiner Regierung mit einer gänzlichen Umänderung
der Gesezgebung. Die bürgerlichen Geseze
sind einfacher als zuvor, und die peinlichen
Geseze sind milder. In zehn Jahren flos
kein Blut auf den Richtpläzen in seinem
Lande. Aus den Gefängnissen ist zwar die
Freiheit, aber auch nur sie allein, und nicht
zugleich die Gerechtigkeit und Menschenliebe,
verbannet.

Dieser Fürst hat zwei vortrefliche Auf-
wandgeseze gegeben: Das eine ist der
freundliche Empfang, den er der Simplici-
tät angedeihen läßt; das andere sein eigenes Beispiel.

Wann die Sonne aufgeht über den Staten dieses Fürsten, so wacht und regiert er

schon selbst über dieselben. Früh morgens hat er schon viele Tränen abgetroknet. Seine Statsssecretairs sind blose Schreiber. Die Adelichen klagen, daß er sie nicht genug distinguirt; die Pfaffen, daß er sie nicht genug fürchtet; die Mönche, daß er sie nicht genug bereichert; und die Amtleute, daß er zu strenge Aufsicht hält. In seinem Lande muß die Obrigkeit Recht sprechen, der Soldat dienen, der Prälat residiren, der Beamte sein Amt verwalten; denn der Fürst regiert.

Seine Kinder läßt er nicht in seinem Palaste, sondern in seinem Hause erziehen. Prinzen will er nicht aus ihnen bilden, das sind sie schon, sondern Menschen. Sein Erziehungsplan nähert sie unaufhörlich den Scenen des Elends, von welchen ihr Stand sie entfernet.

Ich kenne nur, sagte er einst, zweierlei Menschen in meinem State: ehrliche Leute und Schurken.

Der Fürst ist glüklich, denn sein Volk ist glüklich; und er glaubt an Gott. Man bebauerte es einst in seiner Gegenwart, daß sein Land nicht gröser wäre. „Ach! rief er aus, es giebt noch Unglükliche darin!"

Er wandelt oft mitten unter seinem Volke, nimmt an den Volksfreuden Anteil, und giebt ihnen dadurch neues Leben. Er achtet es nicht für zu geringe, Freuden zu kosten, die zwar nicht verfeinert sind, aber warhaft empfunden werden, und ihm selbst gröstenteils ihre Entstehung verdanken.

Der Fürst hat ein einfaches aber sicheres Mittel erfunden, um die vielen Beschwerden gegen die Beamten zu verhüten; es besteht darin, daß jedermann sich über dieselben beschweren darf. In den Mauern seiner Paläste hat er Oefnungen machen lassen, durch welche die schüchternste Klage bis zu seinen Ohren gelangen kann; dies sind Zugänge für die Warheit. Man warf ihm vor, daß er Kundschafter hielte. Er antwortete: Ich habe keine Heere.

Er regiert nicht für den Adel, nicht für die Minister, sondern für sein ganzes Volk.

Er ist ein Fürst im wahren Verstande des Wortes. Womit hat er denn seine Untertanen glüklich gemacht? Mit Brod, Schauspielen und Gerechtigkeit. Er hat Manufakturen errichtet, wo das Volk seine Zeit nüzlich hinbringt; Theater, wo es die Zeit vergißt; Hospitäler, wo es Genesung findet; und Tribunale, wo man unparteiisch richtet."

Sehet, dies ist das holdselige Bild der Aufklärung und Duldung! Oder glaubt ihr, es sei ein Wesen der dichterischen Phantasie, eine Erscheinung aus dem goldnen Zeitalter, so reiset nach Toscana, so werdet ihr dies Bild von Leopold in jedem Herzen des Bürgers finden, und die Teutschen werden euch mit Jauchzen sagen: Ja, ja! Es ist Leopold; und Er ist unser!

Der Anblik dieses entzükenden Gegenstandes ist zu schön, zu feierlich, als daß wir ihn jezt durch eine traurige Vorstellung eines Gebrechens von unserm Jarhundert betrüben sollten. Wir wollen demnach unser Herz laben an einer andern süssen Blüte, die für uns aufgegangen ist. Wendet euer Aug auf jenes Pappeleiland zu Ermenonville, wo Rousseau's Gebeine zerstäuben! Seid gegrüsset, ihr friedlichen Schatten! Sei gesegnet, du heilige Stäte, wo die Hülle des besten, des weisesten Menschen niedergelegt wurde! Ach! Er war euch so gut, ihr Zeitgenossen, so nüzlich, und ihr verkanntet bis an diesen Grabeshügel hin seinen Herzenswerth, seine Selengröse! — Nun empfindet ihr seinen Verlust; und der Same, den er hienieden ausgestreuet hat, wird erst für die Nachwelt reifen.

Johann Jakob Rousseau, der aus bescheidenem Vaterlandsstolze nur Bürger von Genf sich nannte, hat durch keine rauschende Verdienste den Beifall und die Liebe der Nationen erkämpfet. Sein Gang war still, seine Lehre umgreifend, und der Eindruk, den sie machte, allmächtig erschütternd. Die Preisfrage, welche die Akademie zu Dijon aufwarf: Ob Künste und Wissenschaften dem Wohl der Völker schädlich und hinderlich wären? — trug schon das Gepräge der Paradoxie an der Stirne; aber der junge Mann, mit so erhabenen Talenten ausgerüstet, sprach seinen eigenen Kenntnissen Hohn, und antwortete voll Paradoxie. Man erstaunte über seinen schimmernden Verstand, über seine reiche Geschichtkunde, über seine hinreissende Beredsamkeit. Daß er ein Geist von hohem Range wäre, behauptete selbst die neidische Zunft der Gelehrten; und der weiterschauende Denker ahnete schon damals, daß er ein Extramensch werden dürfte.

Er ward es! Sein Emil, oder sein Buch über die Erziehung, erregte eine allgemeine Sensation. Man sah wol ein, daß Hanns Jakob der Mann war, der es verstand, wie man die Unthätigkeit zum Handeln aufweken, und die Gespenster der Vorurteile verjagen müsse. Man schüttelte den Kopf, und fragte einander mit mißtrauischem Lächeln: Wo mag der Neuerer eigentlich hinauswollen? Ist es ihm auch ernst mit der Behauptung, daß es gar schön und natürlich wäre, wenn wir wie das liebe Vieh auf allen Vieren gingen? Da kam ein Kluger hinzu, der denn Sinn des Sonderlings gehascht zu haben glaubte, und sagte: Seht ihr denn nicht ein, daß der Genfer nur die alten Pedanten zum Besten hat, welche hochtrabend auf Stelzen einherschreiten? Wolan! Sparta sei uns werther als Paris, und Chirons Erziehungsart darf bei unsern Kindern tiefer wurzeln, als Bossuet's Verzärtelung bei seinem französischen Delphin!

Emil wurde der Hausfreund eines jeden weiseren Vaters. Man gewöhnte sich an seine Launen; Grillen und Sottisen hielt man ihm zu gut; und über Albernheiten lachte man: aber sein großer Schaz von Warheiten und Lehren wurde der Fond zur Errichtung eines neuen Erziehungsgebäudes.

Man untersuchte immer genauer seine Formen zur Bildung der Menschheit, und jeder änderte nnd künstelte daran nach eigenem Geschmak oder Genie. Und so entstand ben, schöpferischer Rousseau, nach der Plastik deines Emils verschiedene Kopien! So, meine Zeitgenossen, ward unsre neue Welt ein Schulhaus oder Philanthropin! Basedow, Resewiz, Jokstadt, Felbiger, Rochow, Büsching, Campe, Salzmann, Raff, die Frau von la Roche, die Kaiserinn der Russen, Joseph der Andere, der König, der Herzog Karl von Wirtemberg, der Fürst Leopold von Dessau, u. a. sind die vornehmsten Schulmeister darinnen!

Nun sprangen zugleich eine Menge von Elementarbüchern, Encyklopädien und Chrestomathien, nebst versüßten und verdünnten Erziehungsplanen, aus dem Gehirne geschikter zum Teil auch unwissender Jugendbildner hervor. Und man begeht keine Sünde, wenn man die drei leztern Jarzehende, bei Gelegenheit, das Zeitalter der Erziehung zu nennen beliebt.

Im Ganzen ist also auch unsre junge Welt klüger und feiner geworden, und unsre sorgsam verpflegten Pflanzen werden einst, wann die Sonne der Aufklärung zur Mittagshöhe heransteigt, die herrlichsten Früchte tragen. Wolltet ihr, o eisgrauen Anbeter der Alten, eine unparteiische Prüfung und Vergleichung der Gedächtnisschränke eurer Jugend und der Geistesgefilde unsrer jezigen Knaben anstellen; ich schwör' es euch bei Rousseau's Unsterblichkeit, ihr würdet die Vorzüge unsers Erziehungswesens nicht länger bezweifeln! Man wird aber so gefällig sein, mich, wenigstens zu dieser Frist, einer detaillirten Vergleichung zu überheben. — Rousseau's Schatte winkt mir bedeutungsvoll Stille und Friedfertigkeit zu.

„Goldene Kette der Bildung, du, die die Erde umschlingt und durch alle Einzellinge bis zum Throne der Vorsehung reichet, seitdem ich dich ersah, und in deinen schönsten Gliedern, in den Empfindungen des Vaters, der Mutter, des Freundes, des Lehrers, dich verfolgte, ist mir die Geschichte nicht mehr, was sie mir sonst schien,

F

ein Gräuel der Verwüstung auf einer heiligen Erde! Tausend Schandthaten stehen da mit häßlichem Lobe verschleiert: tausend andre stehen in ihrer ganzen Häßlichkeit daneben, um allenthalben doch das sparsame wahre Verdienst wirkender Menschlichkeit auszuzeichnen, das auf unsrer Erde immer still und verborgen ging, und selten die Folgen kannte, welche die Vorsehung aus seinem Leben, wie den Geist aus der Masse, hervorzog. Nur unter Stürmen kann die edle Pflanze erwachsen, nur durch Entgegenstreben gegen falsche Anmasungen muß die süsse Mühe der Menschen Siegerinn werden; ja oft scheint sie unter ihrer reinen Absicht gar zu erliegen. Aber sie erliegt nicht. Das Samenkorn aus der Asche des Guten geht in der Zukunft desto schöner hervor, und mit Blute befeuchtet steigt es meistens zur unverwelklichen Krone."

Hatte Rousseau durch seinen Emil die Alltagsmänner, welche mit dem Birkenscepter über Knaben regieren, in Harnisch gebracht, und dabei doch die vernünftigern

Bildner der Menschen auf seine Seite, wenigstens auf eine bessere Bahn gelokt, so war es schon um seines berümten Namens willen zu erwarten, daß er durch seine politischen Schriften und Freiheitspredigten die königlichen Scepterführer, ihre Gesezgeber und Räthe, noch mehr aber das gehorchende Volk zur Aufmerksamkeit hinreissen würde. Gott! Was hat sein Buch über die natürliche Gleichheit der Menschen, was hat sein gesellschaftlicher Vertrag für Bewegungen verursacht!

Jedermann sah ein, daß es sich nicht erklären lasse: warum ein Mensch durchs Recht der Geburt über Tausende seiner Brüder herrsche? warum er ihnen ohne Vertrag und Einschränkung gebieten, Tausende derselben ohne Verantwortung in den Tod liefern, die Schäze des States ohne Rechenschaft verzehren, und gerade dem Armen darüber die bedrükendsten Steuerbürden auflegen dürfe? Aus den Anlagen der Natur ergiebt es sich noch weniger; warum ein kühnes und tapferes Volk oder tausend üble Männer und Weiber oft die Füsse eines Schwachen küssen, und den Scepter anbeten, womit ein Unsinniger sie blutig schlägt? welcher Gott oder Dämon es ihnen eingegeben habe, eigene Vernunft und Kräfte, ja oft alle Rechte der Menschheit und selbst das Leben der Willkür eines Einzigen zu überlassen, und es sich zur höchsten Wolfart und Freude zu rechnen, daß der Despot einen künftigen Despoten zeuge?

Da alle diese Dinge dem ersten Anblike nach die verworrensten Rätsel der Menschheit zu sein scheinen, und glüklicher oder unglüklicher Weise der gröste Teil der Erde diese Regierungsformen nicht kennet: so kann man sie auch nicht unter die ersten, notwendigen, allgemeinen Naturgeseze der Menschheit rechnen. Mann und Weib, Vater und Sohn, Freund und Feind sind bestimmte Verhältnisse und Namen; aber Führer und König, ein erblicher Gesezgeber und Richter, ein willkürlicher Gebieter und Statsverweser für sich und alle seine noch

Ungebornen: diese Begriffe wollen eine andre Entwiklung, als die Baumeister der Statsgebäude sie geben.

Am allerwenigsten ist es begreiflich, wie der Mensch also für den Stat gemacht sein soll, daß aus dessen Einrichtung nothwendig seine erste wahre Glükseligkeit keime; denn wie viele Völker auf der Erde wissen von keinem State, und sind doch in der That glüklicher als mancher gekreuzigte Statsbürger! Welchen Nuzzen oder Schaden führen diese künstlichen Anstalten der Gesellschaft mit sich? Da jede Kunst aber nur Werkzeug ist, und das künstlichste Werkzeug nothwendig den vorsichtigsten, feinsten Gebrauch erfodert; so ist offenbar, daß mit der Gröse der Staten und mit der feinern Kunst ihrer Zusammensezung auch die Gefar, einzelne Unglükliche zu schaffen, unermeßlich zunimmt. In grosen Staten müssen Hunderte hungern, und Tausende arbeiten, damit Einer prasse und schwelge: Zehntausende werden gedrükt und in den Tod gejaget, damit ein gekrönter Thor oder Weiser seine Phantasie ausführe.

Warum soll ein Ungeborner eines Stammes der geborne Richter, Führer und Hirte des ganzen Volkes sein, und um seiner Geburt willen von Jedermann dafür erkannt werden? Ein Erbvertrag dieser Art läßt sich schwerlich mit der Vernunft reimen. Die Natur theilet ihre äbelsten Gaben nicht familienweise aus, und das Recht des Blutes, blos durch das Recht der Geburt zu herrschen, ist eine der dunkelsten Formeln der menschlichen Sprache.

Entschlummert aber eine Nation, und läßt ihren Führer walten, giebt sie ihm und seinen Ungebornen das Erbscepter in die Hand, daß er sie und ihre Kinder wie der Hirte die Schafe weide, welche andre Verhältnisse lassen sich hiebei denken, als Schwachheit auf der einen, Uebermacht auf der andern Seite, also das Recht des Stärkern? So ist unsre Erde bezwungen, und die Geschichte auf ihr in ein trauriges Gemälde von Menschenjagden und Eroberungen verwandelt worden. Fast jede kleine Landesgränze, jede neue Statsveränderung

ist mit Blut der Geopferten, und mit Trä=
nen der Unterdrükten ins Buch der Zeiten
verzeichnet. Die berümtesten Namen der
Welt sind Würger des Menschengeschlechts,
gekrönte oder nach Kronen ringende Henker
gewesen; und was noch trauriger ist, so
standen oft die edelsten Menschen nothge=
drungen auf diesem schwarzen Schaugerüste
der Unterjochung ihrer Brüder.

Das edelste Volk verliert unter dem
Joche des Despotismus in kurzer Zeit sei=
nen Adel: das Mark in seinen Gebeinen
wird ihm zertreten, und da seine feinsten
und schönsten Gaben zur Lüge und zum Be=
trug, zur kriechenden Sklaverei und Ueppig=
keit gemisbraucht werden; was Wunder,
daß es sich endlich an sein Joch gewöhnt,
es küsset und mit Blumen umwindet? —
Und es giebt beinahe keine Nation, die ohne
das Wunderwerk einer völligen Umschaffung
aus dem Abgrunde einer gewohnten Skla=
verei je wieder aufgestanden wäre.

Nur die innere Entartung des Men=
schengeschlechts hat den Lastern ausgearteter

Regierungen Raum gegeben. Ueberhaupt ist das Loos der Menschen und die Bestimmung zur irrdischen Glükseligkeit weder ans Herrschen noch ans Dienen geknüpfet. Der Arme kann glüklich, der Sklave an Ketten kann frei sein: Der Despot und sein Werkzeug sind meistens und oft in ganzen Geschlechtern die unglüklichsten und unwürdigsten Sklaven. Und die Geschichte zeigt genugsam, daß diese Werkzeuge des menschlichen Stolzes von Thon sind, und wie aller Thon auf der Erde zerbrechen oder zerfliessen.

Bote des Schiksals, unsterblicher Rousseau! Schau hernieder aus deiner Stralenhöhe auf den wankenden Thron des ersten kultivirten Volkes! Der Despot ist vor den Augen der Welt zum Sklaven erniedrigt, und seine Werkzeuge sind wie Töpfe zerschmettert. Das völlig umgeschaffene Volk schleudert seine zerbrochenen Ketten an die Mauern der Bastille, und die schwarze Schandpforte der Tirannei stürzt zusammen, und zermalmt mit ihren Trümmern die ehernen Stufen des Despotismus. Die freie Nation meiſſelt aus mutwilliger Laune auf einen dieſer Trümmerſteine das Bild ſeines ſchwachen Königs. Dieſe erſtaunliche Kataſtrophe, von welcher wir hernach mehr reden werden, hat der Bürger von Genf, ſo wie der Vertraute ſeines Geiſtes Helvetius, lange zuvor geahnet und geweiſſagt.

Ach, und die Prieſter dieſer freien Nation, die jezt unſern Rouſſeau vergöttert, die Prieſter, ſag' ich, jene Diener des Despotismus am Thron und Altar, haben den armen Hanns Jakob, der ſein Brod mit Notenſchreiben kümmerlich erwerben wollte, verfolgt und umhergejagt, wie der wilde Jäger das ſanftmütige Reh. — Sie hatten aber auch notgedrungene Urſache dazu: Der weiſe Mann nämlich warf ſein Aug auf den Altar, und verhehlte einige Zweifel nicht, welche der Geiſt der Natur in ſeiner Sele erregt hatte.

Er verſicherte zwar die Göttlichkeit der Lehre Jeſu zu glauben; aber er beſchuldigte jenes alte Buch, das mit dem heiligen Sigel der Untrüglichkeit gestempelt ist, mancher Irrtümer, Uebertreibungen und lächerlicher Dinge. Ja der philosophische Kezer ging so weit, daß er die Wunderwerke verwarf, weil er sah, daß der ewigbrütende Weltgeist jeden Augenblik seine Schöpfung erneuert, und daß diese neue Schöpfung oder die Erhaltung aller Dinge das gröseste Wunder, ein ewigwirkender Wink der Gottheit, ein ewiglebendiger Pulsschlag der Natur ist.

O Rousseau! Rousseau! Dein Staub mag verwehen vom Hauche der Zeit oder von den Seufzern der dankenden Nachwelt; so wird Girardin's Pappeleiland das Eden der Freiheit, und die Grabesstäte deiner menschlichen Hülle das Heiligtum der Weisheit und Tugend bleiben. Und wenn einst der Enkel von deinem Hügel der Ruhe, mit Tränen der Ehrfurcht und Dankbarkeit im Auge und mit dem Hochgefüle der Unsterblichkeit im Herzen, wegscheidet, und wieder in die Gesellschaft freiheitſeliger Menſchen trit, ſo wird er ih‍nen voll Entzüken entgegenrufen: Auch ich war in Arkadien!

Der Menſch iſt frei geboren, iſt Bild der Gottheit, und König der Erde! Man hat es alſo in unſern aufgeklärten Tagen als Beleidigung der Naturmajeſtät angeſe‍hen, daß der geſcheitere Europäer ein Pel‍niger ſeiner ſchwarzen Mitbrüder ſein ſoll. Alle Kräfte dieſer zarten einſt ſo glüklichen Kinder der Natur ſind in das einzige Ver‍mögen zuſammengedrängt, mit verhaltnem Haſſe zu leiden und zu dulden. Harmlos und ſanftmütig waren ſie, da ihre Unter‍drüker zu ihnen kamen, und das ungebildete Wilde in den gutartigen Geſchöpfen nach ihren Anlagen hätten veredeln ſollen. Jezt, kann man etwas anders erwarten, als daß ſie argwöniſch und düſter den tiefſten Ver‍druß unauslöſchlich in ihrem Herzen näh‍ren. Es iſt der in ſich gekrümmte Wurm, der uns häßlich vorkömmt, weil wir ihn mit unſerm Fuſſe zertreten.

Was für Recht hattet ihr Unmenschen, euch dem Lande dieser Unglüklichen nur zu nahen, geschweige es ihnen, und sie dem Lande durch Diebstal, List und Grausamkeit zu entreissen? Seit Jartausenden ist Afrika ihr Weltteil, so wie sie ihm zugehören: ihre Väter hatten ihn um den höchsten und schwersten Preis erkauft, um ihre Negergestalt und Negerfarbe. Bildend hatte die afrikanische Sonne sie zu Kindern angenommen und ihr Sigel auf sie geprägt; wohin ihr sie führet, zeihet euch dieses als Menschendiebe, als Räuber! Alle Zeugen von menschlicher Empfindung können die verzweifelnde Wehmut nicht ausbrüken, mit welcher ein erkaufter oder gestolner Negersklave die Küste seines Vaterlandes verläßt, um sie nie wieder zu erbliken in seinem Leben. Das Herz blutet mir, wenn ich daran denke, und die Sprache verstummt bei dem Gefüle des unendlichen Jammers.

Grausam sind also die Kriege der Wilden um ihr Land, und um die ihnen entrissenen oder beschimpften und gequälten Söhne desselben, ihre Mitbrüder. Daher kömmt der Haß gegen die Europäer, auch wenn diese leidlich mit ihnen umgehen. Sie fühlen's unvertilgbar: Ihr gehört nicht hieher; das Land ist unser! Feind und Fremder ist ihnen eins; das Recht, ungebetene oder beleidigende Gäste zu verzehren, ist die Accise ihres Landes, ein so cyklopisches Regal als irgend eines in Europa.

Was für einen Dank verdient also Franklin, jener unermüdsame Wolthäter der Menschheit, daß er Erbarmen gegen die entmenschten Negern erwekte! Er stiftete eine Gesellschaft, welche zur Erleichterung des Elends oder gar zur Befreiung dieser Sklaven alles mögliche beitragen sollte. In Europa nahm es der berümte Fayette über sich, für die Beförderung ihres Wohls zu arbeiten. Und das brittische Parlement löste mit liebenswürdiger Großmut aus freiem Antrieb ihre drükendsten Fesseln. Ja selbst die Königinn von Portugal, Maria Isabella, gab ein warhaft königliches Verbot wider den Sklavenhandel heraus!

Freue dich, Bruder Neger; der aufgeklärtere Zögling dieses Jarhunderts höret nun auf, dich neben das Thier zu stellen, dich zu unterdrüken oder zu morden! Er schenkt dir wieder, was er dir nie hätte rauben sollen, das einfache, tiefe, unersezliche Gefül deines Daseins; es ist deine höchste Glükseligkeit, wiewol ein kleiner Tropfe aus jenem unendlichen Meere des Alseligen, der in Allem ist, und sich in Allem fühlet und freuet!

Freu' auch du dich, Nachbar Europäer; deine gewaltigen, gnädigen Herren sind menschlicher geworden! Sie erkennen nun durch den Beisaz bei ihren Namen mit Warheit und Ueberzeugung, daß sie nicht durch ihr Verdienst, das vor der Geburt auch gar nicht statt findet, sondern von Gottes Gnaden, durch das Gutbefinden der Vorsehung, die sie auf dieser Stelle geboren werden lies, zu ihrer Herrschaft gelangten. Sie lernen einsehen, daß ehemals Eroberungen und andere Gewaltsamkeiten die Stelle des Rechts vertraten, das nachher durch Verjärung, oder, wie die Statsleh­rer sagen, durch den schweigenden Contrakt Recht ward; und das ist hier nichts an­ders, als daß der Stärkere nimmt was er will, und der Schwächere giebt oder leidet, was er nicht ändern kann. Aber daß dem, der hatte, auch immer mehr gegeben ward, damit er die Fülle habe, bedarf keiner wei­tern Erläuterung.

Glüklicher Weise wurden die Gesinnun­gen der Grosen verändert. Sie verleihen jezt, von der Flamme des Wolwollens er­griffen, ihren dienstbaren Brüdern den lan­ge verweigerten Genuß ihres Lebens und ihrer Lebensmühen. Die Leibeigenschaft unterjochter Völker ist fast in allen Staten Europens aufgehoben. Mit heisgeweintem Danke werden z. B. die badischen und öster­reichischen Untertanen, die Polen und Tos­kaner euch ihren Karl Friederich, und Joseph, ihren Poniatowsky und Peter Leopold preisen! Sie und gott­lob noch mehrere Kenner des Menschen­werths haben ihre Völker glüklich gemacht.

Freilich blühet nirgends auf Erden die Rose der Glükseligkeit ohne Dornen; was aber aus diesen Dornen hervorgeht, ist allenthalben und unter allerlei Gestalten die zwar flüchtige jedoch schöne Rose einer menschlichen Lebensfreude.

Auch der sogenannte niedere Adel hat sich in der That veradelt. Er hat die elektrischen Funken der Aufklärung, wenn ich so reden darf, mit seinem Degen aufgefangen, und also durch dieses oft zweideutige Symbol seiner Ehre einige Tropfen der ätherischen Materie auf seinen hochgebornen Stamm abgeleitet. Die gestrengen und vesten Junker sind nicht mehr, wie vordem, blos Nimrods Blutsverwandte, oder Zuchtmeister ihrer Bauern, und Strafengel der Nachbarn.

Freu' dich, Menschheit; die Genien des Jarhunderts haben dich wieder in deine alten Rechte eingesezt! Aufklärung und Duldung hat steigende Geschlechter veradelt, und gesunkene wieder emporgehoben. Und das Panier der Freiheit ist eine Fakel der Gottheit geworden, durch deren Funken das Licht des menschlichen Lebens, hier trüber, dort heller, glänzet.

———

Mit der wachsenden Kultur des Verstandes, mit der Verbreitung des Lichts der Vernunft, und mit dem allgemeinen Emporstreben nach Freiheit ging natürlicher Weise das Reich der Finsternis und des Aberglaubens oder der Thron der Priesterherrschaft zu Grunde. Sehet da das Riesenwerk unsers Jarhunderts, den Sturz der Hierarchie!

Es ist die ewige Klage der Menschen, daß die Priester, welche ursprünglich Weise der Nation waren, nicht immer ihre Weisen blieben. Sobald sie den Sinn des Religionssymbols verloren, wurden sie stumme Diener der Abgötterei, oder musten redende Lügner des Aberglaubens werden. Und sie sind's auch in der christlichen Kirche allenthalben reichlich geworden; nicht aus vorzüglicher Betrugsucht, sondern weil es die Sache so mit sich führte: Denn man vergesse nie, daß sie selbst Volk sind, und also auch Betrogene älterer Sagen und aufgedrungener Meinungen waren.

Wer sie zulezt am meisten als arme Betrüger darstellte, waren die Fürsten und Weisen. Jene wurden durch ihren hohen Stand gar leicht auf zwanglose Ungebundenheit geführet, und hielten es also für Pflicht ihrer Würde, auch die unsichtbaren höheren Mächte einzuschränken, und also die Symbole derselben als Puppenwerk des Pöbels entweder zu dulden, oder zu vernichten. Diese stritten mit den unverkennbaren Waffen der Vernunft gegen den Tand des unsichtbaren Glaubens, und dekten den weiten Mantel des Priestertums auf, daß man anstatt enthüllter Geheimnisse der Religion nichts als die Gebrechlichkeit der Altardiener oder die Dolche der Selenttrannen sehen konnte.

Ich rede nicht von allen Magiern, Schamanen und Priestern der Welt. Wie sollt' ich das können, oder auch] nur wollen? Nur mit den Urhebern aller Verblendungen des christlichen Volkes hab' ich's zu thun. Es sei ferne, daß irgend eine unadle Leidenschaft mein menschliches Herz beschleiche!

Jeder Einzelling, der an dem babelschen Thurmgebäude der Hierarchie noch einen Stein zu erhalten oder einen Riß zuzukitten bemüht ist, sei mir lieb und werth als Mensch, und als Diener der Vorsehung, welche einen Hildebrand und Ravaillac neben zween Heinrichen schuf. Aber dich, du furchtbare Mutter des Stupors, jenes Mörders der Vernunft und Freiheit, der ein ganzes Jartausend lang unter den Menschen gewütet hat, dich, du entsezliche Hildebranderei, und dein misgestaltiges Werkzeug, das Mönchtum, werd' ich verabscheuen, ohne die zallosen Scharen deiner Henkersknechte, die noch im Finstern schleichen, zu fürchten!

Es ist nicht Feuereifer noch Rache bei mir, daß ich frohloke bei deinem Sturze;

nein, aus menschlichem Wolwollen und Erbarmen gegen unsre Brüder müssen wir der Menschheit Glük wünschen, daß in unserm Jarhundert dein Fall beschleunigt wird!

Innerer Zwist und Stürme von auſſen haben deine Grundveste wankend gemacht, und man entdekte durch die Rizen in deiner Burg deine Schwäche, dein Siechtum. Deine Blize, welche den kühnen Späher treffen sollten, wurden an dem Stabe der Vernunft abgeleitet. Dein Seufzen und Bannfluchen hörte man nicht mehr vor dem triumphirenden Jubel der Freiheit! Siehe, du wirst des Todes sterben! Deine eigenen Enkelsöhne, Voltaire, Joseph, die Bourboniden, und die zwölfhundert Pfleger des allerchristlichsten Königs haben den Quell deines Lebens vergiftet!

Wir wollen uns indeſſen nicht übereilen, sondern Schritt vor Schritt um das Kapitol wandeln, und die Gebrechlichkeit dieses Richterstuls, vor dem sich, wie man sonst

wähnte, diese und jene Welt beugten, etwas bedächtlich untersuchen.

Sehet, die Leibwache am apostolischen
Thron ist abgedankt: Wir können also
sicher sein! Ihr habt doch die Jesuiten
gekannt? Warum wurden doch diese Wäch-
ter der Engelsburg in diesem Jarhundert
so tief herabgewürdigt? Laßt uns hören,
was sie thaten? wie ihnen geschah?

Schon in der Mitte des vorigen Jarhunderts hatten die Jesuiten ihre Bosheit
in allen Stüken übertrieben. In Europa
wurde das Verderben ihrer Sitten jedermann auffallend und anstössig; man fing
daher in Frankreich und andern Ländern
an, ihre Klosterzucht zu verbessern. In
Sina erwekten ihre tollen Streitigkeiten mit
den Dominikanern nicht nur Aergernis,
sondern auch Verdacht selbst gegen das We-
sentliche des Christentums.

Kornelius Jansen, ein strenger Anhänger des Vaters Augustinus, grif daher

ihre Lehren heimlich aber sehr scharf an. Nun entstand, was konnte man anders erwarten? ein heftiger Streit. Der heilige Knecht aller Knechte, Innocenz X., schlug mit einer Bannbulle darein, und verdammte fünf Säze in Jansens Buche. Sogleich wurden die Freunde des Verdammten zalreicher, mußten aber in Frankreich und noch mehr in den spanischen Niederlanden unter grausamen Drangsalen und Verfolgungen leben. Dies schlug ihren Mut und Eifer nicht im geringsten danieder, und der unsinnige Krieg dauerte in diesem Jarhundert noch mit stärkerer Lebhaftigkeit fort. Ja er brach in hellere Flammen aus, da vierzig Doktoren der Sorbonne im Jahre 1701 einen Gewissensfall, welcher die Untrüglichkeit des Papstes in Thatsachen läugnete, nach der gesunden Vernunft entschieden. Klemens XI. verdammte nicht nur diese Entscheidung, sondern verlangte auch in einer besondern Bulle eine innerliche Ueberzeugung, daß Jansen jene fünf Säze in eben dem Verstande gelehret habe, in welchem sie die

Päpste verdammten. Zugleich legte er eine neue Formel zur Unterschrift vor, welche von der Geistlichkeit in Frankreich angenommen wurde.

Die grösten Unruhen erregte die Ausgabe des neuen Testaments von Paschasius Quesnel, einem hart gedrükten Jansenisten. Es war schon längst in den Händen der Gelehrten, und man hatte darin kein Unheil gefunden. Auf einmal fuhren die Jesuiten darüber her, wie über den leibhaftigen Satan. Sie schrieen Zeter über den Kezer, und der Vatikan antwortete mit dem Donner seiner Macht. Aus Quesnels Anmerkungen wurden die theologischen Lehrsäze herausgezogen, und man fand nicht weniger als hundert und einen des Verdammungsfluches werth. Dieser steht zu lesen in der berüchtigten Bulle: Unigenitus.

Entsezet euch nicht: Die Sache wird noch wichtiger! Der sogenannte Allerchristlichste lies diese Bulle in ein Reichsgesez

verwandeln, und wollte seine Geistlichen
alle zur Unterschrift zwingen. Dawider
empörten sich nicht nur die Jansenisten, sondern auch viel andre Bischöfe, ja selbst der
Kardinal Noailles, und die Gerichtshöfe
von Frankreich. Es entstanden Parteien.
Man appellirte endlich an eine allgemeine
Kirchenversammlung. Die Raserei nahm
überhand. Die Bannflüche des Römers
hörten nicht auf. Endlich drangen sie
durch, ohne jedoch die Gründe des vernünftigern Teils umzustoßen.

Unter Ludwig XV. muste der alte
Noailles der überwiegenden Gewalt nachgeben, und, nebst seinen vornehmsten Anhängern, unbedingt die Konstitution unterschreiben; und der König lies eine Erklärung
in die Register eintragen, daß niemand,
ohne jene Bulle anzunehmen, zu einem geistlichen Amte gelangen könnte. Mit dem
rümlichsten Mute verteidigten die Parlamenter immer noch die Freiheiten der französischen Kirche, und verfuhren sogar gerichtlich gegen die Pfarrer und Bischöfe,

selbst gegen Beaumont, den Erzbischof von Paris, welcher in seinem ganzen Sprengel den Sterbenden die lezten Sakramente versagte, wofern sie keine Beichtzettel von einem Unigenityspriester aufweisen konnten.

Nun wurden wechselsweise das Parlament und der Erzbischof, wie auch andere Bischöfe, verwiesen und zurükberufen. Eine Versammlung der gallicanischen Kirche legte zulezt die Sache dem Papste vor, und Benedikt XIV. suchte sie im Jahre 1756 durch ein Breve zu entscheiden. Der Hof war damit zufrieden: ausserdem gefiel es keiner Partei, am allerwenigsten den Jesuiten, welche sich dadurch zu so unangenehmen Masregeln und Schritten verleiten liessen, daß sie ihren Sturz selbst beförderten.

Die Jansenisten waren indessen auch auf Thorheiten verfallen, um ihre Sache zu unterstüzen. Auf dem Grabe eines ihrer vornehmsten Mitglieder, des pariser Diakons Franz Paris, liessen sie sehr viele und grose Wunder geschehen, und der Pöbel strömte in Scharen hinzu, bis die Regierung in den Weg trat, und ihm den Zugang versperrte. Uebrigens dauerten ihre Bedrükungen fort; nur in den Niederlanden, wo die Unigenitusbulle nicht als Glaubenslehre gilt, geniessen sie einiger Freiheit und Ruhe.

Die Jesuiten aber, welche bisher das ausschliesende Vorrecht behauptet hatten, die Beichtväter gekrönter Sünder und ihrer Räthe und Huren zu sein, das heist, verkappter Weise die Völker zu beherrschen; desgleichen in allen Staten die Jugend nach ihren Grundsäzen zu erziehen, oder die üble Brut der Menschheit in jesuitischen Formen umzubilden; wie auch als Glaubensboten unter allen Völkern der Welt umherzuwandeln, und überall den Bau des Friedens und der Glükseligkeit zu zerstören; die Jesuiten, sag' ich, diese mächtigen Lenker der Despoten und Sklaven, sind ihres Hirtenstabes, womit sie die Menschen als wie Schafe weideten, beraubt worden.

Die römische Kirche, jene Glük aufzwingende Tiranninn aller Erdnationen, war auch in diesem Jarhundert eifrig bemüht, ihre Lehren in der Welt auszubreiten. Ihre vorzüglichsten Werkzeuge dazu waren die Jesuiten. Es war ihnen jedoch nicht so, wie weiland dem Vater Franz Xaver, darum zu thun, die Heiden zu Christen umzutaufen, und die Getauften auf dem Wege zur Seligkeit zu führen. Sie trieben vielmehr einen jüdischen Handel, ihr ganzes Wesen war Lug und Trug, und wenn sie merkten, daß ihre Büberei zu ruchtbar würde, so schikten sie ihre Gesellen, meistens Abenteurer oder Handlungskundschafter, gleichsam als Abgesandte von bekehrten Königen und Völkern nach Rom, um dem Erzfürsten aller menschlichen Selen allerhand Wunderdinge von dem Segen ihres Aposteltums vorzulügen.

Endlich hat man die Wölfe entlarvt, und die Werke ihrer Bosheit ans Licht gebracht. Von allen Enden her sind Klagen über ihre Bekehrungsart vor den Richterstul des göttlichen Statthalters gekommen. — In Sina, wo sie die abscheulichsten Verwirrungen angerichtet hatten, schlugen die Kaiser Yeng Tchin und Kieng Long mit dem Schwerte darein, und verbannten die Staatsverbrecher aus ihren Gränzen. Auch in Siam, Tonking, Kochinchina, Tibet und auf der Küste Koromandel wurden die Anstalten, dem morgenländischen Dalai Lama seine Anhänger zu entziehen, und dem abenbländischen Lama in Rom zu unterwerfen, entweder unterbrochen oder gänzlich aufgehoben. Vergebens suchten die Päpste Klemens XI. und XII., wie auch Benedikt XIV. durch ihre Legaten und Bullen dem Unfuge abzuhelfen. Die Jesuiten wurden zwar öffentlich gebemütigt oder verjagt, ihre Herrschaft aber blieb unvermerkt tiefeingewurzelt in den Gemütern der betrogenen Menschheit.

In Amerika sezten sie mit tollkühner Beharrlichkeit ihre Unternehmungen fort, und erweiterten ihre Obergewalt besonders in Paraguay. Ihre verwägenen Eingriffe in die Rechte oder Anmasungen der Könige; ihre geistliche Statsverfassung, deren Kette den ganzen Erdkreis umschlos; ihre gewalttätigen Versuche gegen die Vollziehung eines Gränzenvergleichs zwischen Spanien und Portugal; ihr gewissenloses Betragen bei dem Erdbeben zu Lisboa, und bei dem Aufruhr zu Porto, der wegen des Weinhandels entstanden war: diese und andere Beweggründe veranlaßten den König Joseph in Portugal, mit Bewilligung des römischen Hofes, alle Kollegien und Häuser der Jesuiten in seinem Reiche durchsuchen zu lassen. Dies hatte die verdrüslichsten Folgen für ihre Gesellschaft.

Ein tödtlicher Haß aber fiel auf sie, als man den Königsmord, welchen Mascarenhas Herzog von Aveiro und die Marquisinn von Tavora nebst ihren Mitverschwornen verüben wollten, untersuchte, und in dem ganzen Meuchelswerke ihren Geist und ihre Wirksamkeit erkannte. Den heftigsten Verfolgungen konnten sie nun nicht durch Unschuld Widerstand thun. Die Welt schrie Weh über sie und Rache, daß der Wutaufruf an den Kammern des Vatikans widerhallte. Der heilige Vater ärgerte sich freilich über die Gräuelthaten seiner Lojoliten; aber er zürnte zugleich voll frommen Eifers über die Mißhandlungen, welche sie von den Ungeweihten erdulden mußten. Allein auch nur ein Klemens XIII. konnte ein Freund der Jesuiten sein, und um ihrer Beschüzung willen mit dem portugisischen Hofe zerfallen. Der König kehrte sich indessen nicht daran, ob er gleich in der Gnadensprache der Hierarchie seit einiger Zeit der Allergläubigste hieß. Er verbannte im Jahre 1759 alle Jesuiten aus seinen Staten in der alten und neuen Welt.

Nun entstand ein merkwürdiger Schriftenwechsel über die portugisischen Händel, über die Macht des dreifronentragenden Oberbischofs, und über die schwarzen Söhne des heiligen Inigo von Lojola. Entsezliche Dinge kamen zum Vorschein. Als endlich

Damiens, wie ein andrer Ravaillac, auftrat, und seinen Mordstal gegen den König von Frankreich zükte, so wurde auch in diesem Reiche die ganze Verfassung der Gesellschaft Jesu untersucht; und im Jahre 1762 ging es ihr wie, unter Philipp dem Schönen, dem Templerorden: jedoch mit dem menschenfreundlichen Unterschiede, daß man ihre Kollegienhäuser nicht zerstörte, ihre Mitglieder nicht auf Blutgerüste und Scheiterhaufen schleppte, sondern blos von ihrem Heerd' und Altar hinweg über die Gränzen jagte.

Jezt entdekte man, daß die weltliche Souverainetät mit ihrem Schwerte den Bliz der geistlichen Hierarchie zurükschleudern könne, ohne deswegen das zeitliche und ewige Heil der Völker auf das Spiel zu sezen. Selbst der katholische König, ein Sprosse vom Stamme Bourbon, dachte unkatholisch genug, die Jesuiten ebenfalls aus seinen Reichen zu vertreiben; und der Herzog von Parma und Placenza folgte sogleich diesem ermunternden Beispiele. Das war Himmelsstürmerarbeit; aber der römische Zeus konnte sie nicht niederbliʒen. Zulezt traten alle Fürsten vom Hause Bourbon zusammen, und schauten mit Ernst und Entschlossenheit zu dem Donnerer auf der Engelsburg hinauf. Aber er lächelte Frieden herab.

Der Himmel hatte damals den würdigen Ganganelli auf den Thron des christlichen Weltreiches gesezt. In seiner weisen Sele brauste kein hildebrandischer Entwurf; bescheiden und sanftmütig war sein Wesen; jedoch hatte er noch Geist und Kraft, die Donnerkeile gegen Frevler zu schwingen. Sein Herz machte Frieden mit der Welt, besonders mit den mächtigen Söhnen von Bourbon: aber seine Klugheit rieth ihm, einen Schlag über den Erdkreis zu thun, daß er in seinem ganzen Umfang erbebte. Am 21. Julius 1773 unterzeichnete der Erhabene mit seinem Fischerringe die Bulle, welche mit den Worten beginnt: Unser Herr und Erlöser, und gab dadurch das Zeichen und die

Vollmacht, die Gesellschaft Jesu in der ganzen Christenheit aufzuheben.

Man fieng in Rom mit der Vollziehung an, und in kurzer Zeit war ganz Europa zwar von der öffentlichen Gesellschaft, aber nicht von den einzelnen Mitgliedern derselben befreit. Das leztere konnte man auch nicht verlangen. Die Jesuiten wurden nun Weltgeistliche, oder traten in andere Klöster, oder lebten nach ihrer Trennung einzeln fort, wie Polypen. Unsichtbar schwebt ihr Genius noch über der ganzen Menschheit, und der Einfluß des Jesuitischen Systems in alle Arten von Menschenregierung ist unverkennbar.

Der König des Jarhundert's und die russische Kaiserinn haben sich am wenigsten nach der Aufhebungsbulle gerichtet, sondern den Jesuiten in ihren Reichen noch ferner erlaubt, ungehindert, wiewol mit Einschränkung und Mässigung, ihr Wesen zu treiben. Denn man hat eingesehen, daß man diesen feinen Menschenkenuern und verschmizten Boten der Hierarchie gründliche Kenntniße im Reiche des Verstandes und der Natur, grose Verdienste um die Erziehung der Jugend, und einen unaufhaltsamen Eifer, die Europäische Kultur in allen Weltteilen auszubreiten, nicht absprechen darf.

Aber was vorzüglich den Herrscherselen des Königs und der Kaiserinn einleuchtete, war die Kunst und Geschiklichkeit der Jesuiten, den Pöbel an den Altar hinzuhalten, und also dessen Aufmerksamkeit von den willkürlichen Handlungen der Höfe zu entfernen. Mancherlei Blendwerke und heilige Gaukeleien zaubern ohnehin die Mönche, jedoch die Lojoliten mit dem klügsten Raffinement, dem Volke vor, damit es bei allen Sottisen des Throns in den engen Schranken des Gehorsams bleibe, und an den Festtagen der Despoten Te Deum laudamus singe.

Daß es nicht früher mit dem Bankerot des römischen Stules ausbrach, daß die

Stralen der Aufklärung so lange gebrochen blieben, daß der Freiheitsgeist der Völker erst späterhin die Rechte der Menschheit und der Vernunft geltend machte: dies ist dein Werk, du unerforschlichwirkende Gesellschaft Jesu! Die Bourboniden mögen glauben, dein Stern sei mit Lorenz Ricci in der Engelsburg untergegangen: noch thront dein neuer Heerführer zu Mohilow, noch lenkt dein Pater Franck das Herz des lenksamsten besten Fürsten, noch im Jahre 1780 ist dein Pater Hallerstein aus Schwaben Präsident des grosen mathematischen Tribunals in Peking.

Ja man glaubt und behauptet aus überzeugenden Gründen, dein Princlpium belebe nun auch die Organisation des Kalviners und Lutheraners. Daher kam in unsern Tagen von allen Winden her das Geschrei über verborgenes Papsttum und geheimen Jesuitismus. Daher fielen die unduldsamen Zionswächter so unbarmherzig über dich her, du frommer Johann Kaspar Lavater, weil deine bilderreiche Phantafte die Gözenbilder der Römlinge als schöne Symbole sich dachte!

Man lärme, wie man will, und bleibe, so fest als es möglich ist, dem Interesse seiner Partie getreu; man wird doch, so fern es um genaue Untersuchung zu thun ist, aus der Geschichte aller Völker und ihrer Religionen auf Resultate kommen, die uns augenscheinlich den Saz beweisen: In allen Pagoden, Moscheen und Tempeln der Welt herrscht das Wesen und der Geist des Papsttums und des Jesuitismus, nur unter anders versinnlichten Aufsengestalten.

Die römische Hierarchie ist erstaunlich heruntergesunken durch ihre Streitigkeiten mit den Fürsten und Weisen der Erde. Klemens XI. zeigte sich immer als einen Erzfeind der weltlichen Souverainetät, und suchte nichts eifriger, als Hildebrands System, welches er vollkommen im Kopf hatte, in Ausübung zu bringen. Als der Markgraf und Kurfürst von Brandenburg, der Erbe Friedrich Wilhelms des Grosen, sich selbst gros genug fühlte, das wirklich königliche Ansehen, welches sein Vater ihm verschaft und hinterlassen hatte, zu realisiren, und sich die preussische Krone aufzusezen, so widersprach der Papst diesem willkürlichen Verfahren. Denn Friedrich hätte seine Krone zu Rom, bei dem allgemeinen Kronenvergeuder, erflehen sollen. —

Er mengte sich, ohne dazu aufgefodert zu werden, in den spanischen Erbfolgekrieg, und wagte es, die päpstlichen Usurpationen, im Jahre 1708, noch einmal und zum leztenmale durch ein Kriegsheer zu verfechten; allein der unglükliche Ausgang zeigte die Schwäche der römischen Regierung. Als Johann V. von Portugal seine königliche Kapelle zu Lisboa in ein Patriarchat erhob, verweigerte er lang und mit allem Ernste seine Einwilligung. Klemens XII. war aber so gut, mit diesem Patriarchate noch auf immer die Kardinalswürde zu vereinigen.

Daß die Bulle Unigenitus dem päpstlichen Hofe und seinem Ansehen viele Händel und grose Gefaren zuzog, haben wir schon bemerkt. Dennoch suchte Benedikt XIII. diese verhaßte Bulle in Ehren zu erhalten. Seine Provincialsynode im Lateran erlangte aber kein allgemeines Ansehen, und durch den beständigen Beifall, welchen er der Lehre der Dominikaner von der unbeflekten Empfängnis der heiligen Jungfraumutter erteilte, gewann seine sonst gepriesene Gelehrsamkeit keinen neuen Zuwachs von Ruhm. Daß er aber Hildebranden, man denke: Hildebranden! kanonisirte, mag ihm der Genius des Jarhunderts vergeben!

Die Streitigkeiten dieser Päpste über die Ausübung des kaiserlichen Rechts der ersten Bitte, über die Monarchie von Sicilien, über Sardiniens Recht, seine Bischöfe zu ernennen, u. dgl. wurden immer zum Nachtelle des römischen Stuls beigelegt. Ueberhaupt erschütterten die europäischen Höfe durch mancherlei Reformationen das ganze Statssystem ihrer Kirche von Grund aus, z. B. durch die Einschränkung oder Aufhebung des Rechts der Freistäten, durch das Verbot der entsezlichen Nachtmalsbulle, durch die Verordnungen gegen das Kezergericht. ꝛc.

Ja die Gelehrten empörten sich wider die Lehre der Untrüglichkeit und Oberherrschaft des Papstes. Die Franzosen verteidigten mit rühmlichem Eifer ihre Kirchenfreiheit. Selbst in Italien standen die beiden Geschichtschreiber Giannone und Pilati als unwiderlegbare Gegner der Hierarchie auf. Und der verkappte Febronius, und die Jansenisten, und die Oesterreicher, und die neuen Franken waren mächtig genug, dem heiligen Stul, und dem, der darauf sizt, wehe zu thun.

Benedikt XIV., ein gelehrter und friedfertiger Mann, konnte nicht alle

Irrungen mit den weltlichen Mächten ins
Reine bringen, und Klemens XIII., ein
Freund der Jesuiten, wollte nicht aus
Hartnäkigkeit seines verkehrten Herzens.
Klemens XIV., am meisten unter seinem
angebornen Namen Ganganelli bekannt,
ein Mann von vortreflichem Charakter und
grosen Einsichten, that, was er konnte
und wozu ihn sein gutes Herz antrieb. Er
machte Frieden zwischen dem römischen Stul
und den bourbonischen Häusern, und hob
die Jesuiten auf. Dafür ward ihm aber
auch Jesuitengift zum Lohne.

Pius VI., der liebenswürdigste aller
Päpste, muß, gerade weil er Papst ist, so
wie sein Zeitgenosse der König von Frankreich, mit sich machen lassen, was man
will. Peters Schwert ist ausgebraucht:
die zerstükte leere Scheide liegt da! Er
that eine Wallfahrt zum Kaiser Joseph
dem Andern; aber Joseph der Andere
lies den Segen des römischen Bischofs über
sein Haupt ausspenden, ehrte und liebte
den würdigen Braschi, fuhr aber fort,

den Grundsäzen und Wünschen des heilligen Stules zuwider zu handeln. Hat man sich verwundert, den Papst in Wien zu sehen, so wird man von unaussprechlichem Erstaunen hingerissen, da das Reich des allerchristlichsten Königs sich völlig, und öffentlich, und mit Gewalt von allem Gehorsam gegen Rom lossagt! Jarhundert! Jarhundert! Wie gros und wichtig sind die Thaten und Veränderungen deiner Kinder! —

Weil der römische Hof seinen unvermeidlichen Fall immer näher vor Augen sah, und auf übernatürlichen Beistand, den Zeitumständen gemäs, sich gar nicht verlassen durfte, so lies er öfters eine starke Neigung verspüren, die übrigen von ihm abgefallenen Religionsparteien wieder unter seinem Fittich zu vereinigen. Selbst Benedikt XIII. zeigte allen guten Willen, nur zu Eingeständnissen und Aufopferungen läßt sich der Knecht der Knechte nicht bringen. Der sehr bedenkliche Briefwechsel des Kardinals Quirini mit Protestanten, und die Vorschläge des trierschen Weihbischofs von Hontheim, unter dem verdekten Namen Justus Febronius, hatten ebenfalls diese Wiedervereinigung zur Absicht.

Unter Luthers Anhängern war der Abbt Fabricius zu Helmstädt nebst dem Herrn von Räsewiz (sonst Zephyrinus a pace genannt) am thätigsten dabei beschäftigt. Dem Czar Peter I. wurden wegen der griechischen Kirche von der Sorbonne allerhand Masregeln vorgelegt, aber nicht angenommen; und die Versuche, durch den Patriarchen Jeremias III. eine solche Vereinigung zu stiften, waren ebenfalls fruchtlos. Bisweilen bediente man sich gewaltsamer Mittel, wie in den Staten von Venedig, und in Siebenbürgen.

Die gewaltsamen Mittel waren überhaupt die grösten Hindernisse, in der römischen Kirche ein neues Heil zu suchen. In Ungern verband sich eine Gesellschaft von Adelichen, die katholische Religion zum Nachteile der Protestanten zu erhalten und auszubreiten. Und wie unmütterlich hart ließ Maria Theresia die Fromme alle Untertanen, die sich nicht zum Kreuzmachen und Rosenkranzbeten bequemten, in allen ihren Staten unterdrüken! Da die Evangelischen auch im Erzstifte Salzburg und in dessen Nachbarschaft heftig gehaßt und verfolgt wurden, so wanderten viele tausend der nüzlichsten Einwoner aus, und suchten in freieren Ländern ihre Zuflucht, besonders in Preussen, wo überhaupt alle gewerbsame Menschen durchgängig mit Eifer geschüzt werden.

In Polen wurden die Rechte der Dissidenten auf alle ersinnliche Arten gekränkt, und himmelschreiend waren die Grausamkeiten, welche man im Jahre 1724 zu Thorn an den Evangelischen verübte. Und die unmenschlichen Thaten der Konföderirten vom Jahre 1768 werden stäts verabscheuungswürdig bleiben, wie die Verfolgungen der Albigenser und Hugonotten. Selbst in Teutschland hat sich die Anzal der Religionsbeschwerden gegen die Anmaſungen der römiſchen Kirche, beſonders in Pfalz, Sachſen und Wirtemberg, vergröſert; aber man hat auch die heilſamſten Anſtalten zur Abſtellung derſelben getroffen.

Rom zeigte bei allen ſolchen Vorfällen noch nie einen heiligen Eifer und unüberwindlichen Ernſt, den blutigen Kampf der Menſchheit um die Rechte des Altars zu ſtillen, und einen allgemeinen Frieden mit der Welt zu machen. Bei den geringſten Anläſſen, welche das Freiheitsgefül eines einzelnen Mannes oder ganzen Volkes ihm giebt, greift der Aftergott an der Tiber, wenn er gleich ſonſt ein herzguter und vernünftiger Menſch iſt, nach den Waffen des Vatikans, und die erſchrökte Welt lieſt hernach mit Lächeln eine Unigenitusbulle, ein Breve gegen Parma, ein Bannedikt wider Frankreichs Nationalverſammlung.

Wird man endlich mit den Lächerlichkeiten und Zänkereien der Mönche bekannt, o ſo verliert man alle mögliche Luſt, eine Vereinigung des Glaubens und der Vernunft, des Wahren und des Falschen, oder der römischen Hierarchie und der natürlichen Freiheit sich jemals ausführbar zu denken!

Der Streit zwischen den Dominikanern und Franciskanern wegen Mariens uns beflekter Empfängnis wurde auf das ärgerlichste fortgesezt. Muratori tadelte diejenigen, die sich durch einen Eid verpflichteten, selbst ihr Leben für diese Lehre aufzuopfern, und wurde darüber hart angegriffen. Diese Bettlermönche stritten auch mit einander über die Erscheinungen und Schriften der Maria von Jesu von Agreda. Denn dergleichen Glaubensfehden sind die köstlichste Narung für seraphische Selen.

Ernsthafter und bedeutender versuchten die Jesuiten, z. B. Harduin, Scheffmacher und Seedorf ꝛc., ihre Kräfte gegen ihre Gegner, und zeigten wenigstens, daß kein Betrug so augenscheinlich, keine Thorheit so lächerlich seie, um nicht so gedreht werden zu können, daß man Warheit und Schönheit darin entdeke. Aber was sollen wir von Joseph Gaßners Wunderkuren sagen? Oder von dem Jesuiten Ferrand, welcher ernstlich behauptete, daß die Reliquien durch ein Wunder göttlicher Allmacht sich vermehrten, daher die vielen Köpfe vom heiligen Johannes, die Schweistücher, die Menge von Nägeln, u. dgl. kämen?

Verirrungen des Wahnsinns wollen wir unserm Jarhundert nicht zur Last legen. Man ist ja aus Menschenliebe bemüht, in den bestgesitteten Staten hie und da Tollhäuser zu stiften, und der satirische Jonathan Swift zeigte sich in der That als das erste Subjekt in sein selbstgestiftetes Narrenhospital.

Ich kann nicht umhin, einige Säze anzuführen, welche von dem Geschmake der neueren Glaubenslehrer ein kräftiges, wiewol nur einseitiges, Zeugnis ablegen können:

„ Das Fest der Beschneidung ist von der Kirche blos zur Verehrung desjenigen verstümmelten Gliedes eingesezt worden, an welchem das erste Blutvergiesen geschah." *)

„ Im Fall, daß die gesunde Vernunft mit der Offenbarung in Kollision käme, muß man auf jene Verzicht thun: Dies gilt auch, wann göttliche Verordnungen den natürlichen Rechten der Menschen entgegengesezt werden. " **)

„ Die Heiligen, welche mit ihren Wunderthaten selbst Gott übertreffen, werden auch mit dem grösten Rechte mit einer grö-

---

*) Testum circumcisionis ex alio fine ab ecclesia institutum non est, quam in illius mutilati membri venerationem, in quo prima sanguinis effusio contigit.

**) In casu collisionis sanam rationem inter & reuelationem rationi renuntiandum est; quod & tunc obseruandum erit, quando diuinae ordinationes juribus hominum naturalibus opponuntur.

ſeren Anzal brennender Kerzen, als Gott ſelbſt, beehrt." *)

Dieſe und noch viele andere Säze von gleichem Schlage ſind in allem Ernſte, unter Joſephs des Andern Regierung, in ſeiner Hauptſtadt, auf ſeiner hohen Schule, öffentlich aufgeſtellt und verteidiget worden, und zwar von dem ehrwürdigen und hochgelehrten Pater Faß, Rektor der Metropolitankirche zu Wien.

Uebrigens ſind die eigentlichen Lehren der römiſchen Kirche unverändert geblieben. Und man kann nicht läugnen, daß der helle Tag des Jarhunderts auch in die dunkelſten Kloſterzellen gedrungen iſt. In allen Fächern der Litteratur traten Männer mit groſen Einſichten auf. Nennt man die Namen Boſſuet, Mabillon, Fenelon, Dupin, Huet, Harbouin,

---

*) Sancti, qui miraculis ſuis ipſum Deum excellunt, majori quoque candelarum accenſarum numero, quam ipſe Deus, jure optimo honorantur.

Martene, Montfaucon, Fleury, Calmet, Muratori, Sabatier, Würdtwein, Gerbert, und viele andere, vorzüglich Oesterreicher, so muß man den Katholiken Glük wünschen.

Wie rühmlich und weise haben sie durchgängig die hohen und niederen Schulen zu verbessern gesucht! Wie viel hat Schlesien seinem vortreflichen Jugendbildner, dem Abbte Felbiger in Sagan, zu danken! Verdienen nicht die herrlichen Schulanstalten in der österreichschen Monarchie, in Kurpfalz und Baiern, im Mainzischen und anderswo Preis und Lob von den Zeitgenossen und von der Nachwelt?

Auch die Anzal ihrer Feiertage, woran sie vordem mit ganzer Sele hingen, haben die Katholiken vermindert, und dadurch einen beträchtlichen Fortschritt in der Beförderung der Arbeitsamkeit und des Kunstfleises gewonnen. Mit der Einschränkung, noch mehr mit der Aufhebung des

Mönchtums hörten auch viele von ihren religiosen Gaukeleien, Wallfahrten zu wunderthätigen Bildern, u. dgl. auf. Man lese mit Ehrfurcht das Mainzische Rescript gegen die Verehrung der Wunderbilder, vom Jahre 1788.

Die römische Kirche ist also nicht mehr, wie sie vordem war. Der Baal zu Rom schweigt. Seine Priester müssen sich demütigen vor dem Scepter der Natur und Vernunft. Ungefragt schikt Portugal und Spanien die apostolischen Boten nach Hause; ungefragt heben Joseph und sein weiser Erzkanzler durch Germanien unnüze Klöster auf; ungefragt schränken die teutschen Erzbischöfe die Fastengebote ein, und ertellen Dispensationen, Würden und Freiheiten, welche man sonst nur auf der Engelsburg kaufen konnte.

Legionen Schriftsteller, so zalreich wie die Scharen der Mönche, schleppen ihre antipapistischen Bücher zusammen, und bauen daraus die merkwürdigste Piramyde der Welt; und die zwölfhundert Solonen von Frankreich verjagen ihre Bischöfe und Priester, welche der Vernunft und der Freiheit nicht huldigen wollen, vom Heerd' und Altar, und errichten sich auf ihrem Bundesfelde, ohne den Bannflucher um seinen Segen zu bitten, ein eigenes Nationalheiligtum: um jene Piramyde und um dies Heiligtum schweben Voltaire's und Rousseau's Schatten, und der Genius des Jarhunderts ruft über den Erdkreis: „Rom ist gefallen! Zerbrochen sind die Ketten der Sklaverei! Gott waltet über die Völker mit Weisheit und Liebe! Seid glüklich, ihr Völker, durch Vernunft und Freiheit!" Und alle Welt sagt: Amen!

Vergebt mir, daß mein Herz bei dieser reizenden Aussicht zu warm ward, und zu laut schlug! Ich muß jezt wieder zurükbliken in die Vergangenheit, und noch einmal die Wolke durchdringen, welche um das Idol der Hierarchie schwebt! Ha!

Da steht das Gözenbild, vor dem alle Nationen sich beugen! Die Hieroglyphen und Symbole, auf seinem Mantel umher gestikt, scheinen mir nicht von römischer Art und Kunst zu sein. Und die Männer mit krausen Wolkenkragen um den Hals, welche den Sinn derselben entziffern und deuten wollen, sind in der That keine Mönche.

So sind es aber **Kalvins** und **Luthers Söhne?** Auch diese sind Diener der Hierarchie. Nicht nur die Bullen der Päpste und die Schlüsse der Koncilien, sondern auch die symbolischen Bücher, die Katechismen und Synodalverhandlungen der Protestanten enthalten unverkennbare Machtsprüche des geistlichen Despotismus. Die vollziehende Gewalt dieser Seelentirannen ist aber mehr eingeschränkt, als bei den römischen Oberpriestern: denn diese vereinigten auch Peters Schwert mit ihrem krummen Hirtenstabe.

Also auch die Protestanten haben in diesem Jarhundert sehr viel von ihrem Ansehen verloren, und zwar blos durch ihre albernen Streitigkeiten unter einander. Der Klügere lief indessen der Fakel der Aufklärung nach, und blieb dann so lang in ihrem Lichte stehen, bis irgend ein wachsames Konsistorium den weiten Mantel der Orthodoxie über ihn warf, und ihn vermittelst einer fetten Pfründe in ihren Schafstall lokte. Die evangelischen Kirchen haben leider solcher bemäntelten Knechte viele.

Nichts grosses denken, nichts übels thun, gut schmausen, viele Kinder zeugen; die aufgewärmte Brühe von alten Postillen von der Kanzel herabschütten, und zu Hause über böse Zeiten und schlimme Nachbarn klagen, und über den Papst und alle seine Pfaffen und Mönchlein, welche über dem Hirn mit der Tonsur gezeichnet sind, schimpfen, und doch so offenbar wie diese ein Dummkopf, ein Wucherer, ein Trunkenbold, ein Taugenichts sein: wenn ihr in diesem Schattenrisse nicht die meisten protestantischen Landgeistlichen erkennet, so ist warlich nicht meine Zeichnung, sondern euer Mangel an Erfarung daran schuldig. Voll eiteln Eigendünkels schauen sie stolz herab auf ihren katholischen Mitbruder, würden aber zittern, wenn Jesus Christus spräche: Wer besser und weiser, wer reines Herzens und von Fehlern frei ist, der hebe einen Stein auf gegen diesen! Ach wie selten ist ein Mann zu finden, der, wie du, liebenswürdiger Wesarg, (Pfarrer zu Eichloch im Rheingräflichen Gebiete) die schönen Eigenschaften eines Weltkenners mit den Tugenden eines wahren Priesters in sich vereinigt!

Laßt nun sehen, über was für wichtige Dinge die Rüstzeuge des reinen Evangeliums stritten! Mehr als die Namen der Kämpfer und ihrer Gegenstände darf ich nicht anführen; es wird dem Vernünftigen schon daran genügen. Petersen behauptete eine solche Wiederbringung aller Dinge durch Christum, daß die Verdammten und Teufel einmal würden selig werden. Haserung zankte sich über die Gegenwart der guten Werke bei der Rechtfertigung. Joch brachte die heilsame Verzweiflung auf die Bahn. Ruß und Rauschenbusch gaben sich mit Christi Höllenfahrt ab. Carpzov untersuchte den Ursprung der Menschensele in Christus, und die Frage: Ob er auch für die Sünde wider den heiligen Geist genug gethan habe? Wagner stellte einen eignen Begrif vom Ebenbilde Gottes auf. Neumann spürte der Ursache des Todes nach; und Tresenreuter erforschte den mittlern Zustand der abgeschiedenen Selen. Ueber die Besessenen, desgleichen über den biblischen Kanon hatte Semler, der Großdenker; ferner über das Joch der symbolischen Bücher der Vielwisser Büsching einen schweren Kampf zu kämpfen.

Die Rechtglaubigen unter den Reformirten sezten ihren ewigen Streit über die allgemeine Gnade fort, und zogen aufs neue um der Nothlügen willen gegen Saurin, und wegen verschiedener Kezereien gegen Anton van der Os zu Felde. Der lezttere verlor, seiner Verteidigung ungeachtet, sein Predigtamt, so wie Petit Pierre, der die Endlichkeit der Höllenstrafen öffentlich lehrte. Bonnet, Kempe und de Cock kamen wegen der Toleranz ins Gedränge.

In England thaten sich Sacheverell und Atterbury sonderlich hervor durch ihre Predigten vom leidenden Gehorsam der Unterthanen gegen die Obrigkeit; gelinder verfuhr Hoadley in seiner Rede von dem Königreiche Jesu, und in der Lehre vom Abendmal. Einem Whitby machte die Erbsünde und die Zurechnung des Sündenfalls, und einem Sykes die Gewalt der Besessenen und die Auferstehung des Fleisches viel zu schaffen. Middleton tastete die Lehre von den Wundern und Weissagungen an; und Dodwel kämpfte wegen der Unsterblichkeit der Sele. Blacburne erregte eine Gährung über die Rechtmäsigkeit der symbolischen Schriften, und man wagte es sogar, bei dem Parlament um die Abstellung der neun und dreißig Glaubensartikel der englischen Kirche anzuhalten. Sie wurden aber aus guter Vorsicht bestätigt, und aufs neue eingeschärft.

Auch an Verfolgungen gegen ihre andersdenkenden oder verirrten Brüder liessen es die eifrigen Diener des Wortes nicht fehlen. Die Zusammenkünfte und Andachtsübungen der Pietisten wurden fast allenthalben verboten, und die böhmischen Brüder mußten so harte Drangsale ausstehen, daß sie zulezt ihr Vaterland verliessen, und anderswo Zuflucht und Frieden suchten. Die Mennoniten, Baptisten und Quaker haben ebenfalls durch ihre seltsamen Meinungen und Anstalten sich manche Stürme zugezogen, sind aber nun mit dem milderen Strome der Zeit hie und da in einen sicheren Haven eingelaufen.

Als im Jahre 1722 die böhmischen und mährischen Brüder fliehen mußten, so fanden einige Familien auf den Gütern des Grafen Nikolaus Ludwig von Zinzendorf in der Oberlausiz eine Freistäte, und bauten nach und nach den Ort Herrnhut. Hier wurden zuerst besondere Einrichtungen des Gottesdienstes getroffen, welche der Graf auch an andern Orten in Teutschland mit gutem Erfolge zu verbreiten suchte. — Hierauf erweiterte er diese Anstalt durch Glaubensbotschaften und Pflanzstäten in verschiedenen Reichen von Europa. Selbst in andern Weltteilen, vorzüglich in Nordamerika und Grönland liessen die Herrnhuter sich nieder, stifteten Gemeinden, und legten Manufakturen und Fabriken an. Ihr verdientes Glük zog ihnen Neider und Verfolger zu. — Man entdekte in ihren Schriften viele anstössige Lehren und Ausbrüke, man argwohnte von ihren zalreichen Anwerbungen neuer Mitglieder nichts Gutes, man fand ihre Andachtsübungen thöricht oder ärgerlich, und ihre Verfassung in Absicht auf die häussliche Einrichtungen, auf die Ehe und Kindererziehung schädlich und gesezwidrig. Sogleich sezten sich die protestantischen Geistlichen ihnen entgegen, und die weltliche Obrigkeit machte Verordnungen wider sie bekannt. Inzwischen geniessen sie doch in manchen Gegenden von Teutschland und ausserhalb des Reichs öffentliche Duldung und bürgerliche Freiheit, z. B. in Neuwied am Rhein. Sie haben auch viele getadelte Lehren und Gebräuche abgeändert. — Eine ähnliche Sekte von Schwärmern hat England an seinen Methodisten.

So abscheulich die Religionsstreitigkeiten meistenteils geführt werden, so haben sie doch wider alle Erwartung einigen Nuzzen gestiftet. Man wurde dadurch gescheiter und klüger. Man sah sich genötigt, Philosophie, Geschichte und Sprachkenntnisse zu studiren, und ungemeinen Fleis auf biblische Kritik zu verwenden. Mill, Bengel, Wetstein, Bowyer, Michaelis und Kennicott erwarben sich diesfalls durch ihre Bemühungen einen unvergänglichen Ruhm. Auch die Epochen der Philosophie, unter Leibnitz, Wolf, Crusius, Kant, verursachten, so wie der Einfluß der schönen Wissenschaften, der Reisebeschreibungen und Naturforschungen, in allen Religionslehren manche Veränderungen. Wie sehr wurden z. B. die Kanzelvorträge, der Unterricht des gemeinen Mannes, und die Schulanstalten verbessert! Und verdient nicht in dieser Rüksicht allein die weltberümte cansteinische Bibelanstalt zu Halle unsterblichen Dank?

Selbst die Kirchengebräuche der Protestanten haben, troz der Widersprüche und Feindseligkeiten des Pöbels, einige Veränderungen erlitten. Man schafte, sonderlich in den preussischen Staten, manche unbedeutende oft unsinnige Cärimonien, z. B. den Exorcismus, ab. Man führte eine allgemeine Beichte, die feierliche Konfirmation der Jugend, und verschiedene Jubelfeste ein. Man verminderte in mehreren Ländern die öffentlichen Feiertage. Die Einführung neuer, zwekmäsiger und zum Teil ganz vortreflicher Gesangbücher, z. B. des Berliner und Kurpfälzischen, gab zwar zu schändlichen Auftritten unter dem Pöbel Anlaß, gereichte aber den Urhebern zur grösten Ehre.

Der Religionseifer, welcher dem Menschen unter allen Umständen des Lebens, bei jeder Modifikation seiner Erziehung, und jeder Umbildung seines Altars, als Mitgabe der Natur eingeprägt ist, veranlaßte auch die evangelischen Christen, ihren Gottesdienst für den einzigwahren und demnach für den besten zu halten. Daher suchten sie denselben nicht nur rohen Völkern zu empfehlen und aufzubringen, sondern auch höchstvernünftigen Einzellingen, die an seiner Vortreflichkeit zweifelten, anschauend und notwendig zu machen. Daher kamen auch immer die unaufhaltsamen Triebe, Glaubensboten in alle Welt zu schikken, und gegen einheimische Irrlehrer und Unglaubige mit allen Waffen des Gesezes und Evangeliums zu kämpfen.

In Ostindien, hauptsächlich auf der Küste Koromandel zu Trankebar, in den Königreichen Tanschaur, Madura, und im Lande der Maratten sind, seit der Errichtung des Missionskollegiums zu Koppenhagen, (1714) beständig dänische Apostel. —

Eine englische Gesellschaft hat ebenfalls zur Ausbreitung der christlichen Erkenntnis eine Mission gestiftet, und ihre Boten lehren, bekehren und taufen zu Madras, Kubulur, Kalkutta in Bengala, und Tirutschinapalli. Und unter der Fürsorge des Freiherrn von Imhof, eines thätigen Beförderers des Christentums, wurde zu Batavia eine luthersche Gemeine gestiftet. Die Salzburger Emigranten und andre fromme Abenteurer aus Teutschland, England und Dänemark wandten sich abendwärts, und ließen sich in Amerika nieder. Ueberhaupt trift man jezt, bei dem allgemeinen Verkehr der Menschen unter einander, überall christliche Kirchen an. Und man könnte den neuangeworbenen Mitgliedern Glük wünschen, wenn sie allemal einen so ädeln Prediger und Lehrer gehabt hätten, als Hans Egede in Grönland war.

Es ist ein sehr schweres Geschäft, will den Völkern einen Begrif von einer fremden Religion beizubringen, und ihre Sele ganz dafür einzunehmen; aber weit schwerer ist es, Menschen, welche ihr ganzes Leben hindurch den Principien der Natur und Vernunft nachgespürt haben, von einer göttlichen Offenbarung, wie sie in der Bibel aufgestellt wird, zu überzeugen.

Solche verdammliche Sünder, wie der Verfasser des Systems der Natur ist, welcher geradezu das Dasein Gottes läugnet, verbannt die Menschheit mit Recht aus ihrer Mitte. Aber einen Mann, wie Benedikt Spinoza, duldet sie gerne. Dieser Jude war Arzt und Philosoph, schien Gott und die Welt für ein einziges Wesen, die Geschöpfe aber für Modifikationen der Gottheit zu halten; der Gottheit selbst die moralischen Eigenschaften abzusprechen; alles, was geschieht, für notwendig anzusehen, folglich die Zurechnung der freien Handlungen zu läugnen, u. s. w. Sein Wandel aber war so untadelhaft und weise, als wenn er an Gott glaubte, und er eiferte wie ein Christ für die Tugend. Seine Anhänger, welche eigentlich in diesem Jarhundert lebten, Toland, Lau, von

Hattem, Edelmann u. a. waren mächtige Gegner des Christentums. Julian Offrey de la Mettrie lehrte den gröbsten Materialismus, und bestritt alle Moralität, wodurch er sich in den Verdacht des Atheismus sezte. Peter Bayle, der allerberümteste Zweifler, hat aber mehr als alle Spinozisten auf sein Jarhundert gewirkt.

Die Anzal der Naturalisten ist erstaunlich gros. Collins und Woolston am meisten aber David Hume verwarfen die Weissagungen und Wunder, welche die Bibel erzält; Tindal bewies aus der Hinlänglichkeit der natürlichen Religion die Unnötigkeit ja sogar den Ungrund der göttlichen Offenbarung; Morgan richtete seine Angriffe beinah auf den gesammten Inhalt der Bibel; Mandeville und Chubb spotteten über die christliche Sittenlehre; und Mylord Bolingbroke bestritt nicht blos die christliche, sondern auch die natürliche Religion. Johann Ilive endlich, der entfezlichste Christenhasser, machte eine Stiftung für järliche Predigten wider das Christentum, und sein Sohn hielt die erste und auch die lezte Predigt.

Von den sogenannten Erzkezern, Voltaire und Rousseau, will ich hier schweigen. Genug! Sie werden jezt vergöttert, und zallose Scharen von Anbetern versammeln sich voll Freiheitsgefül auf ihrem Staube. Auch Lessing und Mendelssohn, welche von den bemäntelten Dienern der Hierarchie in die Reihe der Freigeister und Unglaubigen gesezt werden, weil sie gröser und besser lehrten und lebten als die meisten ihrer Gegner, gelten nun als Drakel der Wahrheit, Weisheit und Tugend. Ueberhaupt wird ein Mann mit offenen Sinnen und gesundem Verstande von den wakern Zeitgenossen, welche sich die Augen ausstechen lassen, um desto heller zu sehen, immer für einen Erz- und Erbfeind gehalten.

Jesus Christus, du menschenfreundlicher Bote der Gottheit, wie viele bekennen sich zu deiner Lehre, und folgen dir nicht! Du zeigtest das Licht des Geistes und der Warheit; und deine Diener machen sich Gözen, und huldigen dem Werk ihrer Hände. Sie verfolgen und tödten; und du warest der Herold des Friedens und der Liebe. Ach wie sehr haben sie dein Wort verdreht, und dein Gebot übertreten! Wie das Licht streitet mit der Finsternis, so wiederspricht deine Lehre allem Wesen der Hierarchie.

Das Reich der Hierarchie muß zu Grunde gehen, wo die Vernunft herrscht. Wo Wissenschaften blühen, da verdorret die Giftpflanze des Aberglaubens. Vor dem Strale der Warheit fliehen die Gespenster der finstern Dummheit. Denket dem Gange des Jarhunderts nach, und freuet euch, daß euch die Vorsicht zu Zeugen seiner tausendgestaltigen Geburten ins Leben rief! Freuet euch eures Lebens, und seid Freunde der europäischen Kultur!

Europa ist also unstreitig das Archiv der Kunst und des aussinnenden menschlichen

Verstandes geworden. Was aber Künste und Wissenschaften zur Glükseligkeit der Menschen gethan, oder wiefern sie diese vermehrt haben? das ist eine schwere Frage. Daß feinere und kunstreichere Werkzeuge in der Welt sind, und mit weniger Aufwand mehr gethan, mithin auch manche Menschenmühe geschont und erspart werden kann; daß ferner mit jeder Kunst und Wissenschaft ein neues Band der Geselligkeit oder des gemeinschaftlichen Bedürfnisses geknüpft sei, ohne welches künstliche Menschen nicht mehr leben mögen? Dies alles ist längstens bewiesen.

Ob aber gegenseitig jedes vermehrte Bedürfnis auch den engen Kreis der Glükseligkeit erweitre? ob die Kunst der Natur je etwas wirklich zuzusezen vermogte? oder ob diese vielmehr durch jene in manchem entübriget und entkräftet werde? ob alle wissenschaftlichen und Künstlergaben nicht auch Neigungen in der menschlichen Brust rege gemacht hätten, bei denen man viel seltner und schwerer zur schönsten Gabe des

Menschen, der Zufriedenheit, gelangen kann, weil diese Neigungen mit ihrer inneren Unruhe der Zufriedenheit unaufhörlich widerstreben? über dies und so manches andre mehr soll uns die Tochter der Zeit, die helle Geschichte unterweisen.

Hingegen scheint es unverwerflich zu sein, daß durch den Zusammendrang der Menschen und ihre vermehrte Geselligkeit manche Länder und Städte zu einem Armenhause, zu einem künstlichen Lazareth und Hospital geworden sind, in dessen eingeschlossener Luft die blasse Menschheit auch künstlich siechet, und, weil sie von so vielen unverdienten Almosen der Wissenschaft, Kunst und Statsverfassung ernährt wird, grosenteils auch die Art der Bettler angenommen hat, die sich auf alle Bettlerkünste legen, und dafür der Bettler Schiksal erdulden.

So treffen im Laufe der Zeiten bei den vielen Veränderungen der menschlichen Schiksale oft unerhörte Widersprüche zusammen. Der Geist der Aufklärung paas ret sich mit der Schwärmerei, und diese allzuempfindsame Gattinn störet den Frieden der vernünftigen Haushaltung. Der Freiheitssinn hat zu seiner Gefährtinn die bluttriefende Rebellion. Die Untersuchung der Natur und die Uebung der Verstandeskräfte leiten auf den gefärlichen Weg der Zweifelsucht, und des Unglaubens. Die erhöhete Kultur erzeugt gröfere Bedürfnisse, und Erfindungen vermehren den Luxus, und der Luxus schleppt seine Sklaven in Hospitäler, und in Hospitälern erwachen wieder die schönsten Tugenden des Menschen zur Thätigkeit. Verwundernswürdiger Kreislauf der menschlichen Kräfte, Triebe und Leidenschaften!

Man glaubt keinem Bettler, daß er Gold machen könne, und keinem unwissenden Marktschreier, daß er den Stein der Weisen besize. Und doch läßt man sich von Alchymisten und Rosenkreuzern noch die gröbsten Sottisen erzeigen. Der arme Baron Hirschen quaksalbert seine Luftsalzsäure, oder wie das Zauberding heißt, und verspricht gegen ein Spottgeld goldene Extrakte; und Semler, der unsterbliche Untersucher des biblischen Kanons, preiset diesen Quark als den Fünftelsaft der Natur an. —

Es müßte, wie irgendwo Wieland bemerkt, unendlich viel Verwirrung und Unheil daraus entstehen, wenn das Gold auf einmal so gemein würde, wie Gassenkoth, oder wenn das Wasser der Unsterblichkeit in London, Hamburg und Leipzig eben so leicht und wolfeil zu haben wäre, als die privilegirten Universalarzneien, solarischen Tinkturen, gekrönten und ungekrönten Wunderessenzen, u. dgl. die mit allen ihren bewährten und wolbekannten Zauberkräften bisher doch nicht verhindert haben, daß alle Leute eben so gut an ihren Krankheiten gestorben sind, als ob gar keine Universalarzneien in der Welt wären.

Unstreitig hat in diesem sonderbaren Zeitalter noch kein Privatmensch so viel Aufsehen in der Welt gemacht, und über keinen

sind so viele und so widersprechende Urteils
gefällt worden, als über den berümten Joseph Balsamo sogenannten Grafen Cagliostro. Bald wurde er als der größte
Naturkenner, als der edelste Menschen-
freund, als der grosmütigste Wolthäter;
bald wieder als ein Erzdummkopf, als ein
fanatischer Landstretcher, und als der verab-
scheuungswürdigste Betrüger geschildert.
Sehr wunderbar muß es jedem Selbstdenker
vorkommen, daß dieses merkwürdige Phä-
nomen in der Menschenwelt sich so lang auf
einer so glänzenden Bahn und unter vernünftigen Männern in Ansehen behaupten
konnte.

Seine Abenteuer, die das Non plus ul-
tra von Seltsamkeit darstellen, sind bekannt,
so weit er nämlich selbst davon entdeken wollte; sein eigentliches Wesen ist aber noch vor
den Augen des Volkes verborgen. Endlich
kam er im Jahre 1789 mit fürstlichem Pompe
nach Rom, und spielte daselbst wie überall
die Rolle des unerklärlichsten Sonderlings.
Sein Umgang mit den Grosen in dieser
Hauptstadt war auffallend vertraut, und

man wollte in ihm keinen Verbrecher oder gefärlichen Menschen wittern. Allein unversehens ward er aufgehoben, und in die Engelsburg gebracht. Und seit 1791 hörte er hienieden auf, Cagliostro zu seyn. Seine Geschichte liegt nun bei den Urkunden der Inquisition begraben.

Ein Freund von diesem Extramenschen ist Lavater gewesen, der überhaupt alles Ausserordentliche liebt. So sehr dieser fromme, liebenswürdige Schwärmer von seinen Zeitgenossen verfolgt und angegriffen wird, so erhält er sich immer, durch die Güte seines vortreflichen Herzens und durch die Rechtschaffenheit seiner Denkungsart unterstüzt, bei gutem Rufe; seiner unaussprechlich warmen und zärtlichen Anhänglichkeit an Jesus Christus trit niemand zu nahe; und seine Physiognomik wird ein erzüberdaurendes Denkmal seines Namens bleiben, und erst anfangen, der Welt ganz nüzlich zu werden, wann schon längst die leichtfertigen Büchlein seiner Gegner zerstäubt sind.

Die Nachkommen werden die Gesichtsdeutung unter die vornehmsten Erscheinungen dieses Jarhunderts rechnen. Das Angesicht zeigt die unterscheidendsten Merkmale der thierischen Organisation, und ist der Spiegel der Sele. So verschieden der Charakter der Menschen ist, so verschieden stellt sich auch ihre Gesichtsbildung dar. Kein Mensch in der Welt wird mir so vollkommen gleichen, daß man ihn mit mir verwechseln könnte, eben so wenig werd' ich die innern Eigenschaften eines andern, in völlig gleichen Verhältnissen und Graden, besitzen; folglich giebt es Merkmale und Kennzeichen, welche die Harmonie oder Verschiedenheit der Züge des Gesichts und des Charakters andeuten. ꝛc. Tausend und abertausend Beobachtungen und Erfarungen, welche man über diese Warheit anzustellen hat, können die Physiognomik einst zur ersten menschlichen Wissenschaft erheben. — Und nie wird man dabei vergessen, daß Lavater zu diesem neuen Monumente des aussinnenden Verstandes die Grundsteine zusammentrug.

O Jarhundert! Wie reich, wie mannigfaltig bist du in deinen Produkten und Reproduktionen! Indem der grose Herschel zu London alle Sterne des himmlischen Archipelagus, den der gemeine Mann die Milchstrale zu nennen pflegt, mit seinen wandernden Augen besucht, und bis zum Uranus, dem lezten Wandelgestirn unsers Sonnengebäudes, dringt, und den Namen seines Königs Georg an den Himmel heftet, zu dieser Zeit errichtet sein Nachbar, der Doktor Graham, einen Feenpalast, und bereitet darin für den Wollüstling ein himmlisches Bett, umflossen statt Sphärengesangs von den süsen Tönen der Harmonika, und erfüllt von der Lebenswärme des Aethers. Wer es nicht kennen sollte, dem wird es Archenholz in seinem England zeigen.

Man hat in diesem Jarhundert zuerst angefangen, die Blattern, eine schrökliche Pest, einzuimpfen, und hört allmälich auf, die Mönche, eine ebenfalls verheerende Pest, auf dem Kopfe zu zeichnen; dagegen brachten es Sarcone in Napoli und der Kaifer Joseph weiter: sie suchten die Welt gegen beide unselige Pestarten durch Quarantainen und Klösterreformen zu sichern.

Wie viel nützliche und schöne Erfindungen hat man noch unserm Zeitalter zu danken? Z. B. das sächsische Porcellan von Bötticher, das Pantalon von Hebenstreit, den Notendruk von Breitkopf, die Birdischen Mauerquadranten, die Harrisonsche Uhr zur Bestimmung der Meereslänge, die Dollond- und Zeiherschen Fernröhren, die Assekuranz, das Berlinerblau, die englischen Gärten, die Einführung der Witterungswarten, die Ausbreitung der Zeitungen, das Marschiren mit gleichen Schritten unter dem König Friedrich Wilhelm dem Ersten. Allein wie soll ich dies alles umfassen? Und es ist noch nicht alles.

Ich trete staunend vor dem Geiste des Jarhunderts zurük, und stammle mit wonniger Ehrfurcht: Der war ein Riese der Zeit, und er war unser!

Alles, was die schlafende Menschheit aus dem Schlummer rüttelt, alles, was die Betrachtung des Menschenprüfers, des Naturforschers, des Weltweisen, des Gesezkenners, des Gottesgelehrten und des Geschichtschreibers weken konnte, was Dichter und Künstler, Schwärmer und Freidenker begeistert, ach was ist alles in diesem Jarhundert voll Wunder geschehen! Und es ist noch nicht alles! Wir werfen noch einen Blik auf den Gang Gottes unter die Nationen.

———

Die Nationen der Erde haben in diesem Jarhundert gewaltige Erschütterungen erlitten. Einige fielen, andere stiegen. Europa behauptet aber die Herrschaft der Welt, so wie sich auch die Europäische Kultur ausgedehnt hat über die ganze Menschheit.

Wo beginn' ich? Wo end' ich? Zu gros ist der Schauplaz der Thaten für das Fassungsvermögen des Auges und Geistes! Jedoch warum sollt' ich zaudern? Hier wo die ellende Sonne, wo der kommende Mond den Dampf der Verwesungen auftrinkt,

hier zwischen Höchstädt und Schellenberg, wo meine Betrachtung anfing, hier wollen wir das Gewimmel der Völker schnell überbliken, so wie Marleborough that, als er hier mit seinen Britten und Oesterreichern über die Franzosen und Baiern unter Tallard und Villars siegte.

Das war im Spanischen Erbfolgekriege. Karl II. endigte nämlich den österreichischen Stamm auf dem Spanischen Throne. (1700) Er erklärte zwar, auf Zudringen bestochener Jesuiten vor seinem Tode den Enkel Ludwigs XIV., Philipp von Anjou, zu seinem Erben; dieser aber muste mit dem Erzherzog Karl von Oesterreich und dessen Bundesgenossen einen langen Krieg führen. Allweit herrschte nichts als Verheerung, bis der Besiz jener Monarchie erkämpft war.

Als nach zwölf blutigen, und doch nicht das Aeusserste entscheidenden, Kriegsjahren die erschöpften Mächte Frieden wünschten, gelang es England, den damaligen Schiedsrichter in Europa, den Spanischen Koloß zu zersplittern. Der bourbonische Philipp behielt Spanien, und Karl VI. von Desterreich die jezigen österreichischen Niederlande, wie auch Mailand und beide Sicilien. Dies wurde in dem Hauptfriedensschlusse zu Utrecht 1713 berichtigt, wo auch Spanien und Frankreich den preussischen Friedrich I. als wirklichen König erkannten.

Unter Philipp V. und seinen beiden Nachfolgern, Ferdinand VI. und Karl III., hat Spanien eine neue Stärke bekommen. Sicilien, Parma und Placenza wurden spanischen Prinzen zu Teil, und durch einen Familienvertrag von 1761 verbanden sich die bourbonischen Höfe aufs engste mit einander. Karl III. war ein besonders guter Mann: Er schränkte den Prunk ein, vertauschte die spanische Etikette mit dem leichtern französischen Hofwesen, schafte die wälsche Oper und den Kastraten

Farinelli ab, der sich zum Herzog gesungen hatte, und tilgte durch diese und andre Ersparnisse die Nationalschuld.

Karl IV. ging noch weiter: Er nahm ein Muster an Joseph dem Andern, und fing an, die Klöster nicht nur einzuschränken, sondern auch aufzuheben. Er geht dabei langsam zu Werke; denn er kennt sein höchstabergläubiges Volk. Jezt erscheint der Spanier anders als am Anfange dieses Jarhunderts. Die lächerliche Brille ist abgelegt, und mit ihr der übermässige Ahnenstolz. Man tapeziert nicht mehr seine Zimmer mit Stammbäumen, und geht nicht mehr mit einem Knebelbart und drei Ellen langen Degen über die Strassen. Auch das so schmuzige Madrid ist nun durch die Fürsorge des Grafen Aranda mit Steinpflaster und Laternen geziert worden. In Spanien geschehen grösere Dinge, als wir wissen. Der lang gedrükte Geist der Nation bäumt sich auf gegen seine Treiber und Peiniger im Staatsrok und in der Kutte. Ja dem Priesterstande, der das Reich Jarhunderte lang in Finsternis und Sklaverei schmachten lies, droht ein fürchterlicher Gerichtstag.

Portugal hat sich in diesem Jarhundert manchmal sehr bedeutend gemacht. Unter seinem eingebornen Herzog von Braganza Johann, als König der Vierte genannt, entzog es sich der spanischen Herrschaft, und behauptete gegen dieselbe mit Englands Hilfe seine Unabhängigkeit. Seitdem gewann es nach und nach mehr innere Stärke. — Vorzüglich Joseph Emanuel, der zwar ausserordentlichen Gefaren, einem fürchterlichen Erdbeben zu Lisboa, mehr als einer Verschwörung gegen sein Leben und einem harten Kriege mit Spanien ausgesezt war, unternahm mit dem Beistande des Grafen von Oeyras Marquis von Pombal die nüzlichsten Veränderungen in seinem Reiche. Wie hat er seine Rechte gegen den römischen Stul erweitert, behauptet, und durch die Vertreibung der Jesuiten bestätigt! Die Gelehrsamkeit stieg empor, und das Kezergericht sank unter ihm. Und wie hat sein lieber Graf Wilhelm von Lippe Bükeburg das Kriegswesen umgeschaffen!

Jedoch unter seiner Tochter, der frommen Königinn, Maria Isabella, hat die aufstrebende Gröse des Reichs wieder einen Stillstand gemacht. Ihr Gesez wider den Sklavenhandel macht ihrem Herzen Ehre. Ausserdem sucht sie durch ihre Lieblinge, die Priester, Ordnung und Ruhe im Volke zu erhalten. Sie läßt demselben immerhin vom leidenden Gehorsam predigen, und zur Sicherheit vor Aufruhr alle französische Schriften, welche Freiheit athmen, als schändliche Lästerungen verbrennen.

Aber Frankreich, das erste, von der Natur am meisten begünstigte Reich der Welt, wie hat sich Frankreich in diesem Zeitalter verändert! Ehmals unter Ludwig XIV. und XV. trug es willig die Fässeln des Despotismus; jezt unter einem bessern König trit es alle Alleinherrschaft mit Füssen. —

L

Man denke sich stufenweise folgende Veränderungen: War nicht Ludwig XIV. der ehrgeizigste und eroberungssüchtigste Tirann, der verschwenderische Schöpfer von Versailles, der Gewissensmörder seiner fleissigsten Unterthanen, der glänzendste Wollüstling an seinem Hofe, der Mordbrenner in den benachbarten Ländern, der aberglaubige Sklave seiner Pfaffen und Huren, das Ungeheuer, welches den Reichtum und Segen seiner Nation verschlang, und allen Menschen zum Abscheu und Fluch starb? Ward nicht Ludwigs Reich dagegen unter dem Schuze seines väterlichen Colbert zur Conquerantenehre erhoben durch seine treflichen Feldherren, blühend durch seine wizigen und bildenden Künste, und herrschend durch Sprache und Moden über ganz Europa?

Ludwig XV. war mäßiger, und regierte in prächtiger Ruhe, ausser daß er nebst seinen Räthen und Schreibern mit Fangbriefen so tükisch umherschlich wie Domitian mit seiner Fliegenklappe. Vom Busen der Buhlerinnen eilte er in die Messe,

u. ſ. w. Die Sorge der Statsverfaſſung, des Kriegsweſens und des Hofes hatten der Kardinal Fleury, Moritz von Sachſen und die Marſchälle von Frankreich, und Madame Pompadour unter einander geteilt, und das Volk war unter dem vorigen Despotismus des Elends ſo gewohnt worden, daß es dieſen ſchläfrigen Tirannen, weil er ihm doch bei allen übrigen Qualen das Leben und die Ehre der Franzoſen lies, mit dem ſchönen Namen des Vielgeliebten anſchmeichelte.

Und nun Ludwig XVI.! welch ein Schauſpiel vor den Augen der Welt! Die höchſtkultivirte Nation war zu Boden getreten, ihre Kraft war zermalmt, ihr Anſpruch auf Beiſtand durch die Verſtoſſung ihrer Sachwalter, der Parlamenter, gänzlich vernichtet, und ihre Ausſicht ein unabſehlicher Abgrund des Verderbens und der Schande. Die Wage des Weltgerichts klang. Jezt durchſchauerte neues Lebensgefül ihr Herz. Der Geiſterhebende Ruf der Freiheit erſchol. Und ſie ermannte ſich wieder. Ha! Seht ihr die zertrümmerte Bastille? Seht ihr die Menschenpeiniger an Laternenpfälen verröcheln? Seht ihr sie? seht ihr sie, die grosen, erschröklichen, heiligen Scenen der Freiheit?

Und die todte, nun wieder zum Leben erwachte Nation wält aus ihrer Mitte die besten und weisesten Männer, und heischet von ihnen Geseze und Freiheit. Und die äble, entfässelte, zörnende Nation vertilgt den goldnen und silbernen Prunk ihrer Tirannen, sie reißt die Purpurlappen und seidnen Lumpen der Eitelkeit weg, löscht die Zeichen und Namenflekke gewapneter Unterbrüker aus, und kehrt zur schmuklosen Einfalt und Würde zurük. Und die hohe, gesezgebende, herrschende Nation macht ihren vormaligen König zum Genossen ihres Gefüls und Glüks, zum ersten Mitbürger, sie holt ihn aus dem Lustsize des schwelgenden Despotismus in die Hauptstadt der Freiheit, und schwört mit ihrem König und Mitbürger Ludwig, im Angesichte des Himmels und bei den feierlichsten Opfern des Altars, den Eid des Bundes für Freiheit, Gesez und Vaterland.

Aber diese erhabene, bei allen bisherigen Ausschweifungen noch erhabene, Nation zeigt auch im Sturme der Leidenschaft entsezliche Anwandlungen von Gewaltsamkeit. Gefangen führt sie ihren König und Bruder nach Paris, und läßt ihm zween blutige Todtenschädel seiner ermordeten Leibwächter vortragen, unduldsam zwingt sie ihn, das Vertrauen seiner Sele auf einen feindseligen Beichtvater zu sezen, willkürlich raubt sie ihm noch das lezte, was sie hätte thun können, das menschliche Recht zu begnadigen.

Und nun? Welch ein Schauspiel giebt Ludwig XVI. vor den Augen der Welt! Er flieht aus dem Reiche seiner Väter und aus dem Schose seiner brüderlich mit ihm vereinigten Nation, wird aber wieder heimgebracht, wird ein Gefangener, wird von der Nation nach den Gesezen angeklagt, verteidigt, gerichtet. Gott! Welche Auftritte!

Die Aufmerksamkeit aller Völker ist allein auf Frankreich gerichtet. Kein Volk hat jemals eine solche Staatsumwälzung bewirkt, bei keinem Volke war es auch nach allen äussern Umständen so nötig und so möglich, als bei diesen neugebornen Franken. Der Erfolg ist noch zu erwarten! — Uebrigens hat Frankreich den Herrschern der Erde eine Ruthe gebunden, vor welcher sie zurükbeben müssen. Ist die Verfassung der Franken einmal völlig gegründet, und ihr Bund befestigt, so wird ihr Reich ein weiter ofner Tempel werden, zu dessen Altären die verscheuchte Menschheit flieht, wann sie vom Tirannengrimme verfolgt wird!

Wie glüklich sind im Gegenteile die Verfassungen von Teutschland und Grossbritannien erhalten worden! Das teutsche Kaiserhaus steht noch, troz den vielen Stürmen, die es in diesem Jarhundert erlebt hat, wie ein Fels in Ungewittern. In einem Kriege mit den Türken war es siegreich durch die tapfere Hand seines grosen Prinzen Eugen von Savoien; aber in einem andern wegen der polnischen Königswahl verlor es an Spanien das Königreich beider Sicilien; und ein erneuerter Türkenkrieg endigte sich mit dem Verluste von Servien und andern Ländereien.

Durch die pragmatische Sanktion kam Maria Theresia zum Besitze ihrer väterlichen Erbländer; allein es kostete Blut und Aufopferung, sie zu behaupten. Der österreichische Erbfolgekrieg und der siebenjärige Krieg sind zu bekannt, als daß ich sie hier anzuführen brauche. Die Teutschen wurden dadurch in der Kriegskunst geübt, und lernten ihre Rechte und Vorteile kennen. —

Unter Joseph dem Andern begann ein neuer glüklicher Zeitraum für Teutschland. Dieser Kaiser untersuchte alles selbst, und strebte unermüdet nach weiteren Einsichten. Er schäzte und erhob die Sitten, Künste, Wissenschaften und die Sprache der Teutschen. Unter ihm hat die Dichtkunst und freiere Denkungsart eine vergnügte Epoche erlebt. Ach und er welkte dahin im

Laufe der größten Thaten, und der wunderbarsten Ereignisse der Welt, niedergebeugt von blutigem Gram und Schmerzen, unglüklicher in seinen Schiksalen, als je ein Monarch der Erde gewesen war. Den unter ihm angefangenen schweren Türkenkrieg wird Leopold der Andere mit Ruhm endigen; denn Laudon's Heldenschule blühet noch, und in der Faust eines Koburg und Hohenlohe ist des teutschen Schwertes Schwung gewaltig, sicher und entscheidend.

Großbritannien, die Inselköniginn und Friedensstifterinn auf dem festen Lande, brekete den Scepter über die Welten, und Throne sanken vor ihm. Seine schwimmenden Vesten wogen gebietend in allen Meeren einher. Mit Recht, wenigstens mit Warheit konnte Pitt, Graf von Chatam, bei einem Friedensschlusse zu den fremden Ministern sagen: Es wird auf allen Meeren keine Kanone gelöst ohne Englands Erlaubnis. Dieser unsterbliche Pitt hielt in einer gefürchteten Wagschale die Ehre der Britten, und in der andern das Schiksal der übrigen Reiche. Er warf donnernd den Stolz der Bourboniden zu Boden, denn seine Beredsamkeit war überwiegend, sein Geist unbeugsam, unbestechlich seine Redlichkeit. Seine lezten Worte waren an einen Freund gerichtet: Ach! rette mein Vaterland. Sein Geist und Patriotismus ging ganz in seinen grosen Sohn über.

Aber dreizehn köstliche Perlen sind aus der Krone Britanniens gefallen. Nordamerika war gröstenteils brittisch, aber die Einwoner von 45,000 teutschen Quadratmeilen sezten sich in Freiheit. Welch ein Preis! Und welch ein furchtbarer Kampf in beiden Welten! Dagegen überwältigte England in Asien das mogolische Reich, und machte sich einige kleinere Staten eigen oder zinsbar. Immerhin ist Grosbritannien das für die Welt, was Preussen für Europa ist.

Was soll ich, was kann ich von Preussen reden? Der Erdkreis ist voll von sei nem Ruhme! Sein Friedrich ist König des Jarhunderts. *) Einstimmig nent ihn Jedermann den Grosen, den Einzigen. Er brachte sein Haus auf den höchsten Gipfel der Macht, vermehrte seine Besizungen mit blühenden Ländern, kämpfte sieben Jahre lang um dieselbe mit Oesterreich, Frankreich, Rußland, Schweden, Sachsen und den meisten teutschen Reichsfürsten, und siegte, beförderte, errichtete, stiftete, schrieb .... Gott bewahre! Wer wird mir zumuthen, daß ich etwas von ihm schildern soll! Nenn' ich den König des Jarhunderts, so kennt ihn alle Welt, und die Unsterblichen freuen sich, daß er dem Himmel, von dem er gekommen war, wieder gegeben ist!

Von Dänemark kann man rühmen, daß es siebenzig Jahre im Schose des Frie-

---

*) Quo nihil majus meliusue terris
   Fata donauere bonique Diui,
      Nec dabunt, quamuis redeant in aurum
         Tempora priscum.
                                  Horat.

dens lebt, daß es einen Friedrich den Fünften und einen Bernstorf hatte, und unter Christians des Siebenten Kronerben Friedrich dem Anbruch goldener Zeiten entgegensieht.

Aber welch ein Riese war Karl der Zwölfte von Schweden, der von dem Kattegat bis an die Dardanellen Schreken vor sich her erregte, und hinter sich Jammer und Staunen zurüklies. Unsterblich bist du, furchtbarer, furchtloser König! Wer hat geendet, wie du begannst? Schon bei der Krönung zeigte er als Jüngling seine Selbstkraft, zörnte über den zögernden Bischof, und drükte sich die Krone selbst aufs Haupt. Wie wunderbar handelte er als Sieger bei Narva: den Ueberwundnen gab er ihre Waffen wieder, und lies sie gehen! Wie gros war er bei Pultawa, in Bender, in Dresden, in Stralsund, und überall! Ach! Groser Karl, wo war deine Heldensele? als du den armen Patkul so mörderlich hinrichten liessest!

Gustav III., des tugendvollen Stats, mannes, Tessins, Schüler, trat seine Regierung so kühn an, wie Karl, und führt sie weiser fort, als er. Ohne grosen Widerstand schränkt er die Gewalt der Reichsräthe ein, und vergröfert seine Königsmacht. Alle Gebrechen seines Reiches werden durch ihn von Grund aus geheilt. Und wie rasch, wie plözlich trat er gegen Katharina II. auf! Solchen Heldengeist, solche Streitkunde, Abhärtung und Ausdauer hätte die Welt ihm niemal zugetraut. Er ist gros und ädel wie Gustav Adolf, und unerschüttert in Schlachtengefaren wie Karl der Zwölfte. Obgleich Gustavs Klinge sich bog an Ruslands Felsenmännern; so sprang sie doch nicht, und wird nicht springen.

Ewigwaltende Vorsicht! Welche schöpferische Herrscherselen rieffst du für dieses Jarhundert ins Dasein! Rußland entstand und wuchs so ungeheuer und schnell empor, wie Preussen; und Peter der Erste war ein so erhabener Thatenvollender, wie

Friedrich. Peter lernte mit unglaub⸗
licher Anstrengung des Geistes auf Reisen
und Wanderschaften, wie er sein Volk gesit⸗
tet machen und daſſelbe beherrschen müſſe.
Er schuf sich eine neue Hauptstadt, lernte
von Karln dem Zwölften siegen, und
besiegte ihn hernach vollkommen. Künste,
Manufakturen, Gelehrsamkeit, Sitten, die
er vom Ausland auf ruſſischen Boden ver⸗
pflanzte, gediehen unter seinen Nachfolge⸗
rinnen mit erstaunlichem Segen.

Katharina die Andere, eine Herr⸗
scherinn, wie die Menschheit noch keine her⸗
vorbrachte, ist ganz die Schwestersele Frie⸗
derichs des Königs. Einzig wie dieser
steht sie da in der Schöpfung Gottes, und
hält wie Er das Statsgebäude von Europa,
daß es nicht von Statsmeuchlern aus seinen
Angeln geriſſen wird. Ihre Helden Ro⸗
manzow, Weismann, Orlow, Po⸗
temkin, Suwarow, Naſſau donnern
die Feinde ihrer Gröſe zurük, wie es Keith,
Schwerin, Winterfeld, Deſſau,
Ziethen und Ferdinand für den Kö⸗

nig thaten. Turkmannien, Persien, Sina zittern vor ihrer Macht! Sie ist einzig geschaffen, für den größten Koloß, den die Natur schuf!

Still! Die Muse der Geschichte gebietet mir, nur noch das glüklichstgewordene Volk, die Polen, und den glüklichsten König, dich, Poniatowski, zu nennen!

Stirb dann, groser Stier unsers Zeitalters! Stirb Kayamorts! Jarhunderte werden kommen, und sich weiden an deinem Leichnam. Zallose Geschöpfe unter unendlich verschiedenen Gestalten werden aus ihm entstehen, und von dir zeugen.

Ich aber lege diese Blätter, auch als Zeugnisse von dir, auf den Altar der Warheit nieder. Ich habe sie aus Ueberzeugung geschrieben; und Leidenschaften haben, wie ich glaube, bei keinem Pensselstriche dieser Skizze meine Hand geführt. Auffallende Thorheiten, Bübereien angesehener Männer, schöne Thaten einsamer Weisen

hätt' ich in Menge noch aufzeichnen kön=
nen: allein der Wirkungskreis derselben
war vorher zu klein, als daß man sie jezt
noch einmal ans Licht ziehen sollte. Ueber
das Steigen und Fallen der Völker wollt'
ich auch nicht allzuviele Reflexionen und
Deklamationen machen, weil es ohnehin
überall sonst geschieht. Ist endlich unser
Jarhundert völlig abgeschieden, so wird
der ewigbrütende Weltgeist die Keime des=
selben für die Zukunft entwikeln, und
dann mögen diese Blätter mit dem Staube
des Verfassers verfliegen!

www.ingramcontent.com/pod-product-compliance
Lightning Source LLC
Chambersburg PA
CBHW031449160426
43195CB00010BB/910